다시,
초등 고전읽기 혁명
실전편

동산초 100권 읽기 프로젝트에서 엄선한
15권의 필수고전읽기법

다시,
초등 고전
읽기 혁명

송재환 지음

실전편

글담출판

봄이 오는 길목 3월 어느 날 아침.

낯선 어떤 어머님이 프리지아 꽃다발을 한 아름 들고 교실로 찾아
오셨다. 어떻게 오셨냐고 했더니 연락도 없이 불쑥 찾아와서 죄송하
다며 본인은 서산에 사는 학부모인데 고전읽기 강연회를 꼭 좀 해달
라고 부탁드리기 위해 찾아왔노라고 했다. 순간 당황스러웠다. 그 전
주에 몇 번의 통화를 통해 도저히 갈 수 없노라는 사정을 말했었는데
학교 교실에까지 찾아오시다니….

요는 그 학교에서도 고전읽기를 꼭 했으면 하는 학부모와 교사가 많
은데 어렵더라도 꼭 한 번 내려와서 고전읽기에 불을 지펴 달라는 것이
었다. 이를 부탁하기 위해 새벽같이 버스를 타고 상경했다고 한다.

도저히 거절할 수 없었다. 토요일에 가겠노라고 약속하고 강연을
위해 내려갔다. 전교생이 400여 명인 학교에서 100명이 넘는 많은
학부모와 교사들이 참여해서 숨을 죽이고 경청해 주었다. 수많은 강

연을 다녀봤지만 아직도 그날의 기억이 생생하다.

이 특별한 강연을 계기로 이 책의 집필을 마음먹게 되었다. 이 책보다 1년 먼저 세상에 나온 『초등 고전읽기 혁명』이라는 책이 그렇게 많은 사람에게 관심과 반향을 일으킬 줄은 미처 생각하지 못했다. 미력한 글이 너무나 많은 사람의 사랑을 받았다. 사랑뿐만 아니라 전국의 초등학교와 학부모에게 큰 영향을 끼쳤다. 많은 초등학교와 학부모가 고전읽기에 동참해 주었다.

고전읽기에 동참하고자 하는 학부모와 교사에게서 수없이 많은 문의를 받았다. 그 문의의 핵심은 『초등 고전읽기 혁명』을 통해 초등학생들에게 고전읽기가 필요하다는 것을 절감해서 도전해 보고자 하지만 엄두가 나지 않는다는 것이었다. 어떻게 해야 하는지를 구체적으로 알려달라는 문의를 참 많이 받았다. 지푸라기라도 잡고 싶은 절박함을 느낄 수 있었다.

이 책은 이런 절박함을 해소해 주기 위해 세상에 나왔었다. 그리고 그로부터 몇 년이 흘러 다시 개정판으로 독자들 곁으로 찾아왔다.

조금 더 실질적인 도움을 줄 수 있도록, 책 내용의 구성을 크게 바꾸었다. 초등은 나이에 따라 발달과 특징이 대단히 다르다. 그만큼 적합한 접근이 필요하다. 이를 위해 크게 저학년, 중학년, 고학년으로 나누어 학년에 맞는 고전읽기법을 소개하였다. 시기별 성장 특징, 이에 맞는 고전을 선정하여 읽는 방법과 독후 활동까지 자세히 안내했다. 고전읽기를 하고 싶으나 방법을 몰라 막막해하던 분들에게 자신감을 주고 방향을 알려줄 수 있으리라 기대한다.

"선생님 덕분에 고전 같은 책도 읽을 수 있었어요. 고전 덕분에 많이 성장할 수 있었던 것 같아요. 감사합니다."

한 해 동안 6학년 아이들을 가르치고 졸업시킬 즈음에 어떤 남자 아이가 편지에 남긴 글이다. 이 아이는 중학교에 진학한 후에도 찾아와서 "고전 읽었던 그때가 참 그리워요. 그때 참 많이 성장했던 것 같아요"라고 말하기도 했다. 이 아이뿐만 아니라 많은 아이가 고전읽기를 그리워하며 덕분에 자기도 모르게 성장한 것 같다며 고백했다.

사람이 책을 읽는다는 것은 성장의 또 다른 표현일지도 모르겠다. 특히 고전을 읽는 시간은 아이 인생에 결정적 순간을 만들어 줄 수 있다고 확신한다. 그리고 부모와 교사는 그 순간을 선물해 줄 수 있는 사람들이다. 고전이라는 이름 때문에 망설이고 포기하기엔 너무 큰 선물이다. 이 책이 고전읽기를 즐겁고 재미있게 시작할 수 있도록 도와줄 수 있기를 간절히 소망한다. 그리하여 아이에게 결정적 순간을 선물해 주는 부모(교사)가 되는 축복이 모든 이에게 임하기를 바란다.

마지막으로 이 책을 집필할 수 있는 기회와 지혜를 풍성하게 부어 주신 좋으신 하나님께 이 모든 영광을 돌린다.

송재환

❖ 차 례 ❖

·3장·
본격적으로 시작하는 3, 4학년 고전읽기

· 5장 ·
부모들이 가장 궁금해하는 10가지 질문

아이에게 고전을 읽히기 위해서 가장 먼저 준
비해야 하는 것은 무엇일까? 바로 환경이다.
초등학생들은 어리다 보니 어떤 환경을 조성
해 주느냐에 따라 성패가 확 갈리곤 한다.
성공적인 고전읽기의 출발은 고전읽기를 위한
환경 조성에서 시작한다.

1장

고전읽기 환경을
준비하라

고전은 아이들이 알아서 읽을 수 있는
책이 아니다. 적절한 안내와 지도, 적극
적인 지지와 격려가 있어야만 읽을 수
있다. 그렇다면 무엇을, 어떻게 준비해
야 할까? 지금 우리 아이에게 고전을
읽혀도 되는 것일까?

독서 환경과
고전읽기 환경은 다르다

아이에게 고전을 읽히기 위해서 가장 먼저 준비해야 하는 것은 무엇일까? 바로 환경이다. 초등학생들은 어리다 보니 어떤 환경을 조성해 주느냐에 따라 성패가 확 갈리곤 한다. "맹모삼천지교(孟母三遷之敎)"라는 말을 모르는 사람은 없을 것이다. 위대한 사상가인 맹자도 처한 환경에 따라 보고 배우는 바가 달랐는데, 우리 아이들은 어떻겠는가? 성공적인 고전읽기의 출발은 고전읽기를 위한 환경 조성에서 시작한다.

◆ 책 읽을 시간이 없는 아이들

고전읽기는 아이가 마음껏 고전을 읽을 수 있는 환경을 만들어 주는 것에서 시작된다고 할 수 있다. 독서 환경을 만들어 주는 방법에는 거실을 서재화하거나, 도서 대출 카드를 만들거나, 독서 친구를 만들어 주는 등 다양한 방법이 있다. 이미 전 권에서 독서 환경을 만들어 주는 방법에 대해 상세히 소개했기 때문에 여기서는 생략하고자 한다.

그런데 고전읽기를 위해서는 독서 환경보다 더 중요한 게 있다. 바로 아이들에게 책을 읽을 수 있는 시간을 확보해 주는 것이다. 요즘 아이들은 너무 바쁘다. 엄마의 관리하에 학교가 끝나면, 컴퓨터, 운동, 영어, 논술, 수학 등 그날의 스케줄을 처리해야 한다. 초등학생의 귀가 시간이 밤 10시라니, 안쓰러운 마음이 절로 든다. 이런 상황에서 아이들에게 고전읽기는 또 다른 과외에 불과하다. 당연히 고전읽기가 제대로 될 리가 없다.

고전을 읽히기 위해서는 먼저 아이들에게 책을 읽을 수 있는 시간적 여유를 주어야 한다. 이번 기회에 아이의 학원이나 학습지 등 학습과 연관된 스케줄을 다시 조정해 보는 건 어떨까? 만약 이것이 어렵다면 거실에 있는 게임기와 텔레비전을 치우는 것만으로도 아이들에게 시간적 여유를 만들어 줄 수 있다. 여유 시간이 조금이라도 생기면 아이들은 게임을 하거나 텔레비전을 본다. 이를 못하게 하면 심심해진 아이들은 자연스럽게 책을 읽을 확률이 높아진다. 게임기와 텔레비전을 없애는 것만으로도 반은 성공했다고 할 수 있는 것이다.

◆ 익숙함에서 시작된다

학교에서 성공적으로 아이들에게 고전을 읽히기 위해서는 무엇보다 물리적인 환경 조성이 중요하다. 그 방법으로 두 가지를 추천하고 싶다.

먼저 교실에 고전 도서들을 비치하는 것이다. 평소 접하는 도서와 다르기 때문에 아이들은 고전을 상당히 낯설어한다. 따라서 먼저 고전에 친숙해지게 하는 것이 좋다. 학급 도서를 비치하는 책꽂이에 고전 전용 칸을 만들어 고전 도서를 비치해 두면, 오고 가면서 보는 사이 고전에 익숙해진다. 이때 아이들에게 책꽂이에 꽂혀 있는 고전 도서를 '아무나 함부로 읽을 수 없는 책', '특별한 사람이 읽는 책'이라는 식으로 소개하면 호기심과 경쟁심이 높아져 아이들이 더 많은 관심을 보인다.

만약 이미 고전읽기를 아이들과 하고 있다면, 고전을 읽은 뒤 해 본 다양한 독후 활동 결과물을 교실 뒤쪽 게시판이나 공간 등을 활용하여 전시하면 좋다. 예를 들어 『아낌없이 주는 나무』를 읽고 조별로 아낌없이 주는 나무를 조형물로 만들어 보았다면, 아이들이 만든 작품을 교실 뒤쪽 공간에 전시하는 것이다. 아이들은 자기 조의 작품과 다른 조의 작품을 비교하여 보면서 재미있어하고 서로 배워 간다. 이는 크게 힘들이지 않고 할 수 있으면서도 아이들에게 고전에 대한 관심을 불러일으키는 장점이 있다. 또한 책의 여운을 오래도록 지속시켜 준다. 이러한 방법들은 가정에서도 얼마든지 활용이 가능하다.

어떤 환경도 부모를 뛰어넘을 수 없다

고전읽기에 가장 많은 영향을 미치는 것은 부모라고 할 수 있다. 아이들은 부모가 어떤 모습을 보여 주느냐에 따라 굉장히 다른 양상을 보인다. 그 어떤 환경도 부모라는 환경을 뛰어넘을 수 없다. 부모의 행동에 따라 좋은 환경도 될 수 있고, 해로운 환경도 될 수 있다는 의미다. 따라서 아이에게 성공적으로 고전을 읽히고 싶다면, 부모가 먼저 고전을 읽는 모습을 보여야 한다. 혹은 아이가 읽고 있는 고전에 관심을 가지고 읽어 주는 등 적극적으로 분위기를 조성해 주어야 한다. 부모의 태도는 모든 성공적인 학습법이나 효과적인 양육법의 기본인 만큼 더 자세히 설명하지 않아도 알 것이다.

◆ 학교에서는 교사가 부모다

가정에 부모가 있다면, 학교에는 교사가 있다. 부모와 마찬가지로 교사도 아이들에게 어떤 모습을 보여 주느냐에 따라 고전읽기가 성공할 수도 있고 실패할 수도 있다. 평소 담임 교사가 책을 자주 읽어 주거나 책과 관련된 학급 이벤트 등을 자주 하는 반의 아이들은 평소 책과 가깝게 지내는 경향이 있다. 고전읽기를 위한 최고의 환경이라고 할 수 있다.

고전읽기에 성공하는
4T 전략

고전을 성공적으로 읽히기 위한 핵심 전략을 4가지로 정리할 수 있다. 나는 이를 이름하여 '성공적인 고전읽기를 위한 4T 전략'이라고 한다. 여기서 4T란 'Trust(믿음), Time(시간), Together(함께), Transform(변화)'을 뜻한다.

Trust : 아는 것과 믿는 것은 다르다

아이에게 고전을 성공적으로 읽히기 위해서는 부모가 고전읽기에 대한 확신과 믿음을 가지고 있어야 한다. 물론 많은 부모가 고전읽기의 중요성에 대해 충분히 알고 있다고 생각할 것이다. 하지만 아는 것과 믿는 것은 엄연히 다르다.

미국에서 있었던 실화를 하나 소개하고자 한다.

철도 역무원인 닉 시즈맨은 매우 건강한 사람이었다. 그러던 어느 여름날, 그 날은 동료의 생일이라 직원들이 모두 한 시간 일찍 퇴근하게 되었다. 그 사실을 깜빡 잊은 닉은 평상시처럼 냉동차에서 일을 하고 있었고, 동료들은 그가 안에 있는지 모른 채 냉동차를 잠그고 퇴근해 버렸다. 나중에 이 사실을 알게 된 그는 소리를 지르고 발버둥을 쳤지만 나갈 수 없다는 사실을 깨닫고, 다음 날까지 기다리기로 했다. 다음 날 출근을 한 동료들이 작업을 하기 위해 냉동차를 열었을 때 닉은 죽어 있었다. 닉 옆에는 "너무 추워 온몸이 마비되는 것 같다. 차라리 이대로 잠들어 버렸으면 좋겠다. 아마도 이게 내 마지막 말이 될 것이다."라는 글이 유서처럼 칼로 새겨져 있었다.
하지만 그날 냉동차는 작동을 하지 않아 섭씨 영상 13도를 가리키고 있었다. 그런데도 닉은 얼어 죽은 것이다.

워낙 유명해서 한 번쯤은 들어 봤을 이 실화를 통해 우리는 자신의 믿음이 결과에 얼마나 큰 영향을 미치는지 알 수 있다. 보이지 않는 믿음이 현실을 결정짓는 것이다. 이와 유사한 실화는 대단히 많다.

고전읽기도 마찬가지다. 고전읽기의 효과에 대한 믿음과 신뢰가 있다면 반드시 성공하기 마련이다. 그렇지 않은 경우에는 실패할 확률이 높다. 이는 주변에서도 쉽게 확인할 수 있다. 성공적으로 고전을 읽히고 있는 부모나 교사를 보면 한 가지 공통점이 있다. 평소 고전을 자주 읽는 사람이라는 것이다. 이들은 고전읽기의 효과를 설명하지 않아도 몸소 체험하여 이미 알고 있다. 때문에 아이들에게 고전을 읽혀야 하는 이유나 필요성에 대해 의심하지 않는다. 이들에게는 오로지 아이들이 고전을 읽을 수 있도록 북돋아 줄 격려와 조언만이 필요할 뿐이다.

반면에 그렇지 않은 사람들은 고전읽기의 필요성에 대해 끊임없이 의구심을 갖는다. '과연 초등학생이 고전을 읽을 수 있을까?' '아이들이 이해는 할까?' '내가 너무 욕심 부리는 것은 아닐까?'와 같은 의문을 품다 결국 포기하고 만다. 가정에서 고전읽기를 시작하고자 한다면, 먼저 고전읽기의 효과에 대한 의심의 마음부터 거두길 바란다.

고전읽기에 대한 믿음을 가지는 데 도움이 될까 하여 나의 사례를 소개하고자 한다. 개인적으로 지금까지 나는 열 권이 넘는 책을 집필했다. 많은 책을 집필하다 보니, 나의 독서량을 물어보는 사람이 많다. 책을 쓰려면 많이 알아야 하니 그만큼 독서량도 엄청날 것이라고 생각하는 것이다. 기대와 달리 나는 책을 별로 읽지 않는 편이다. 하지만 독서 시간을 따진다면 일반인보다 결코 적지 않다. 한 권의 책을 오랜 세월 반복해서 읽고 있기 때문이다. 그 책은 바로 고전 중의 고전이라고 할 수 있는『성경』이다.『성경』을 읽고도 남은 여유 시간이 있다면 다른 책을 읽는 데 할애한다.

나의 설명에 '독서량도 별로 안 되는데, 어떻게 책을 쓰지?' 하고 의아해하는 분이 있을 것이다. 사실 많은 책을 속독하는 것보다 한 권의 책을 반복해서 깊이 있게 읽는 것이 더욱 좋다는 게 독서 전문가들의 공통된 의견이다. 나 역시 20년 이상 매일 『성경』을 읽으며 묵상해 온 시간들이 나의 생각하는 힘, 상상력, 통찰력, 관찰력, 어휘력, 논리력 발달의 원천이 되었다고 확신한다. 그리고 이는 고스란히 10권이 넘는 책을 집필하는 힘이 되었다고 생각한다.

이러한 스스로의 경험을 바탕으로 갖게 된 고전읽기에 대한 확신은 국내 유일 전 학년 고전읽기 프로젝트를 기획하고 진행하는 원동력이 되었다. 아마 이런 경험이 없었다면, 생각조차 하지 못했을 것이다.

아이와 고전읽기를 시작하려고 한다면 먼저 부모가 고전읽기에 대한 확신과 믿음을 가져야 한다. '남들이 하니까.' '모두가 좋다고 하니까.' '내 아이가 뒤처질까 봐.' 등등의 생각으로 시작해서는 결국 실패하게 된다. 부모가 고전읽기에 대해 확신이 없는데, 어떻게 아이에게 성공적으로 고전을 읽힐 수 있겠는가?

Time : 시간에도 전략이 필요하다

아이에게 성공적으로 고전을 읽히기 위해서는 시간 확보가 무엇보다 중요하다. 시간이 날 때 읽히면 된다는 생각으로는 절대 고전을 읽힐 수 없다. 우선순위에 있지 않는 일은 결국 자질구레한 일들에 밀려 하지 못하게 된다. 요즘 초등학생은 대단히 바쁘다. 스케줄에 고전읽기 시간을 추가하는 일이 부모와 아이 모두에게 부담스럽기는 마찬가지다. 그렇다고 시간을 정해 두지 않으면 고전읽기는 점점 멀어지게 된다. 고전을 꾸준히 성공적으로 읽히기 위해서는 그만큼 시간 계획을 잘 세워야 한다.

◆ 최대 집중 시간 '25분'을 활용한다

효율성을 연구하는 미국의 한 전문가는 사람이 어떤 일에 오롯이 에너지를 쏟을 수 있는 시간은 25분 정도라고 주장했다. 25분이 넘어가면 집중하기 어렵다는 말이다. 어느 정도 일리 있는 말이라고 생각한다. 특히 초등생들은 더욱 그렇다.

25분이라고 하면 짧게 느껴지겠지만, 보통 책을 20쪽 정도 읽을 수 있는 시간이다. 25분씩만 꾸준히 읽어도 1년에 20권이 넘는 책을 읽을 수 있다. 결코 짧은 시간이 아니다. 고전은 책을 읽고 나서 소감을 나누는 시간까지 포함하여 30분 정도가 적당하다.

또한 며칠에 한 번씩 몰아서 1~2시간씩 독서를 하는 것보다 이 시간을 나누어 하루에 10분씩이라도 규칙적으로 읽는 게 더욱 효과적이다. 고전은 대부분 책의 분량이 길어서 어차피 하루 이틀 만에 읽지 못하는 데다 다음번 읽을 때까지 시간적 간격이 많이 벌어질 경우 전에 읽은 내용이 기억나지 않아 오히려 더욱 이해하기 어렵게 된다. 따라서 하루 10분일지라도 매일매일, 혹은 2~3일 간격으로 읽히는 것이 좋다.

◆ 하루 일과에서 최우선순위에 둔다

고전읽기에 성공하는 확실한 방법이 한 가지 있다. 하루 생활 중에서 가장 우선순위에 두고 실천하는 것이다. 스티븐 코비 박사가 저술한 세계적인 베스트셀러 『성공하는 사람들의 7가지 습관』이라는 자기 계발서를 보면 재미있는 내용이 나온다. 성공하는 사람과 실패하는 사람에게는 대비되는 모습이 있는데, 그것은 바로 '시간의 우선 사용 순위'가 다르다는 것이다. 실패하는 사람들은 급한 일부터 하지만 성공하는 사람들은 중요한 일부터 한다는 것이다. 따라서 성공하기 위해서는 급한 일이 아닌 중요한 일부터 해야 한다고 주장한다.

스티븐 박사의 주장처럼 고전읽기를 성공시키고자 한다면 고전읽기의 중요성을 인지하고 하루의 일과 중에서 그 어떤 것보다 우선수위에 두고 실천해야 한다. 학원, 학습지, 놀이, 숙제 등에 우선순위를 내주면 고전읽기는 성공하기 어렵다. 가장 우선순위에 두어도 자꾸 뒤로 밀리는 것이 고전읽기임을 꼭 기억하길 바란다.

◆ '언제'에 주목한다

고전을 '얼마나' 읽을 것인지를 정했다면, '언제' 읽을 것인지를 정해야 한다. 아이들에게 학습지를 시킬 때를 떠올려 보길 바란다. 하루에 몇 장씩 풀라고 하면 아이들은 이 핑계, 저 핑계를 대며 뒤로 미룬다. 결국 안 하고 넘어가기도 한다. 따라서 얼마나 읽는지도 중요하지만 언제 읽을 것인지도 꼭 정해야 한다.

특히 고전은 온 가족이 다 함께 읽는 것이 효과적이므로, 가족이 모두 하루 일과를 마무리하고 한자리에 모이는 저녁 시간을 활용해 보길 권하고 싶다. 이때 가족회의를 거쳐 시간을 결정한다면 책임감에 더욱 잘 지키게 된다.

◆ 학교에서 고전읽기 시간을 확보하는 법

학교에서 고전읽기를 실행하고자 한다면 아침 시간을 활용할 것을 권한다. 학교에서 진행하는 별도의 프로그램이 있다면 무리겠지만, 아침 시간의 활용을 담임 재량에 맡기고 있다면 그 시간을 이용하는 게 가장 좋다.

1교시가 시작되기 전 짧게는 10분에서 길게는 30분 정도 반 전체가 고전을 읽는 것은 많은 의미가 있다. 아침에 하는 독서는 아이들의 뇌를 학습에 적합한 뇌로 변화시켜 준다. 또한 고전을 읽음으로써 어수선했던 반 분위기가 자연스럽게 차분한 학습 분위기로 바뀐다.

Together : 무조건 같이 한다

전 책에서도 많은 지면을 할애하여 이야기했고, 앞에서도 많이 언급했지만 꼭 기억했으면 하는 마음에 다시 한 번 언급하고자 한다.

똑같이 고전을 읽어도 아이마다 누리는 고전읽기의 효과는 다르다. 어떤 아이들은 엄청난 효과를 보기도 하는데, 그런 아이들은 대부분 집에서 부모와 같이 고전을 읽고 있는 경우가 많다. 부모가 고전읽기에 동참하느냐 안 하느냐가 매우 큰 영향을 미치는 것이다.

학교에서도 마찬가지다. 담임 교사가 고전을 함께 읽는 반과 그렇지 않은 반은 확연히 차이가 난다. 담임 교사가 같이 읽으면 독서 분위기가 잘 형성되는 데다 아이들에게 보다 실질적이고 핵심적인 질문을 할 수 있고 독후 활동도 자연스럽게 이을 수 있다. 굳이 후자의 활동을 하지 않더라도 아이들과 함께 고전을 읽는 것만으로도 교사로서의 소임을 절반 이상은 했다고 할 수 있다.

이렇게 다소 지겨울 정도로 같이 읽기를 강조하는 데는 특별한 이유가 있다. 고전을 함께 읽음으로써 대화의 소재를 얻을 수 있기 때문이다. 책의 내용이 그대로 화제가 될 수도 있겠지만, 책을 읽다 보면 문득 이와 유사한 일상 경험이 떠오르게 된다. 이것이 자연스럽게 화제에 오르게 되면서 일상생활과 책 내용을 접목시키는 살아 있는 책 읽기가 가능해진다. 학교에서는 교과 활동을 고전과 접목하여 다양한 활동을 이끌어 낼 수도 있다. 이는 부모(교사)와 아이들이 모두 함께 고전을 읽어야지만 가능한 일이다.

또한 부모(교사)와 같이 읽으면 아이에게 정독하는 습관을 만들어 줄 수 있다. 아이 혼자 책을 읽게 내버려 둘 경우, 잘못된 독서 습관을 가지기 쉽다. 가장 대표적인 나쁜 습관이 책을 대충 읽는 습관이다. 줄거리만 좇아 읽거나(속독) 재미있는 부분만 골라 읽는(발췌독) 독서 습관이 생기게 되는 것이다. 물론 이러한 읽기 방법이 무조건 잘못된 것은 아니다. 목적에 따라 활용하면 충분히 좋은 독서법이지만, 모든 책을 저런 독서법으로 접근하는 것은 위험하다. 하지만 부모(교사)와 함께 책을 읽으면, 아이의 잘못된 독서 습관을 바로잡아 주고, 상황에 따라 필요한 독서법을 취할 수 있도록 도와줄 수 있다.

무엇보다 부모나 교사가 함께 고전을 읽으면, 어른의 생각에 아이가 읽기에 무리가 아닐까 싶은 어려운 고전도 충분히 읽어 나간다. 『플라톤의 대화편』, 『논어』와 같은 책을 혼자 읽으라고 하면, 끝까지 읽을 수 있는 아이가 얼마나 될까? 대부분의 아이는 책을 처다보지도 않고 팽개칠 것이다. 개중 몇 명이 그나마 도전했다가 몇 장 넘기지 못하고 포기해 버릴 것이다. 혼자라면 도저히 엄두가 나지 않고 금세 포기해 버릴 고전도, 같이 읽으면 포기하지 않고 끝까지 읽을 수 있다. 이것이 바로 '같이 읽기의 힘'이다.

Transform : 나를 변화시킨다

이쯤에서 물어보고 싶은 게 있다.

"아이에게 왜 책을 읽히나요?"

아마도 "많은 정보를 알려 주려고요." "똑똑한 아이로 키우고 싶어서요." "독서가 중요하다고 하니까요." 등 많은 이유가 있을 것이다. 독서의 목적이 학습이든 행동 개선이든, 그 목적의 저변에는 아이가 책을 읽어 쌓은 지식을 바탕으로 한층 성장했으면 하는 바람이 깔려 있을 것이다. 이는 단순히 책을 읽고 이해하는 선에서 더 나아간 독서라고 할 수 있다.

사실 고전을 읽히면서 아이들이 스스로 변해 가는 것을 많이 보아 왔다. 그 변화가 신기하면서도 놀라웠다. 처음에는 똥 씹은 표정을 짓던 아이들이 고전에 조금씩 빠져들더니 심지어 행동이 저절로 개선되는 모습을 보였다. 고전읽기의 힘을 확인하는 순간들이었다.

아이들과 『백범일지』를 읽을 때였다. 책에 나와 있는 '나의 소원'이라는 글을 10번 이상 읽고 아이들에게 자기가 원하는 국가와 민족상을 담아 '나의 소원'을 작성해 보라고 했다.

"통일 조국을 만들고 싶다." "깨끗한 나라를 만들고 싶다." 등 아이들은 저마다 바라는 국가의 모습을 그려 나갔다. 그중에서 가장 기억에 남는 아이가 있다. 평소 조금 폭력적인 행동으로 종종 문제를 일으키던 아이였다. 그런데 그 아이가 "사람 냄새 나는 나라를 만들고 싶다."며, 그러기 위해 자신의 스트레스를 폭력으로 풀지 않겠다고 적은 것이었다. 그러더니 정말 그날 이후부터 친구들과 다툼이 일어나려고 할 때마다 내가 "사람 냄새 나는 나라를 만들고 싶다며?" 하고 타이르면 금방 '아차!' 하는 표정을 지으며 반성하는 모습을 보였다. 독후 활동을 위해 억지로 지어 낸 바람이 아니라는 것을 아이 스스로 증명한 것이다.

고전을 읽는 동안 평소 욕을 엄청 하던 아이의 욕이 줄어드는 등 갑자기 자신의 좋지 못한 행동을 스스로 반성하는 아이들이 하나둘 생겨났다. 고전이 주는 감동과 깨달음이 아이들을 변화시킨 것이다. 이는 비단 고전만의 힘은 아니라고 생각한다. 아이 스스로 자신이 얻은 깨달음을 바탕으로 변화하고자 노력했기 때문에 가능한 일인 것이다.

> 공자께서 이르시길 "옛사람들은 말을 함부로 하지 않았는데, 이는 행동이 따르지 못할 것을 부끄러워했기 때문이다."
>
> –『논어』 리인편 중에서

이는 행동 없이 말만 번지르르하게 하는 것을 경계하는 말이다. 고전을 읽어 가면서 긍정적인 변화를 일으키는 아이들도 있지만 개중에는 교만해져 가는 아이들도 있다. 다른 아이들은 좀처럼 읽지 않는 고전을 읽는다는 사실에 지적 자존감을 가지게 되는데, 이것이 지적

교만함으로 변질되어 고전을 읽지 않는 친구들을 무시하는 일들이 생기는 것이었다.

이렇게 고전읽기가 부정적인 영향을 미치지 않도록 하기 위해서는 어떻게 해야 할까? 우선 고전을 제대로 읽고 이해하도록 해야 한다. 섣부른 지식이 잘못된 자신감을 형성하기 때문이다. 그리고 자신이 깨달은 바를 실천할 수 있도록 도와야 한다. 교만하고 어리석은 지식이 아니라 실천하는 지식을 가질 수 있도록 해야 한다. "행함이 없는 지식은 죽은 지식이다(『성경』 중에서)."라는 말이 있다. 실천이 따르지 않는 독서는 죽은 독서나 마찬가지다.

무슨 고전을 읽었느냐보다 더욱 중요한 것은 그 고전을 읽고 무엇이 달라졌느냐다. 사서삼경을 다 읽었을지라도 이전과 다를 바 없다면 무슨 의미가 있겠는가.

우리 집은
얼마나 준비되어 있을까?

이제부터 구체적인 고전읽기 방법을 소개하고자 한다. 먼저 본격적인 고전읽기에 앞서 고전을 읽을 수 있는 준비를 제대로 갖추었는지 체크해 보자.

여기 제시된 설문지는 절대적인 평가 기준이 아니다. 하지만 고전읽기를 염두에 두고 있는 부모(교사)라면 충분히 참고가 될 수 있을 것이다. 각 항목에 솔직하게 대답한 후 모든 점수를 합산하여 합산 점수에 해당하는 설명을 참고하길 바란다.

점수가 높을수록 고전을 읽을 준비가 잘 되어 있다는 의미다. 이런 가정(학급)은 평소 독서 분위기가 좋을 것이다. 지금 당장이라도 고전읽기를 시작해도 무방하다.

점수가 낮게 나왔다면, 먼저 독서 분위기와 환경부터 점검해야 한다. 이런 상태에서 고전읽기를 시작하면 오히려 부정적인 결과를 낳기 쉽다. 하지만 점수가 낮게 나왔다고 포기하는 일은 절대 없길 바란다. 고전읽기에서 가장 중요한 것은 하고자 하는 의지이고 용기이기 때문이다.

◆ 우리 가정의 고전읽기 준비도는?

연번	설문 내용	매우 그렇다 (5점)	조금 그렇다 (4점)	보통이다 (3점)	아닌 편이다 (2점)	전혀 아니다 (1점)
1	우리 집에는 책이 많다.	1,000권 이상	800권 이상	600권 이상	400권 이상	400권 이하
2	부모 자신이 반복적으로 즐겨 읽는 고전이 있는가?					
3	매일 10분, 고전읽기 시간을 확보하였는가?					
4	가족이 단골로 가는 도서관이나 서점이 있는가?					
5	읽고자 하는 고전을 가족 수대로 구입하였는가?					
6	고전읽기의 필요성이나 효과에 대해 잘 알고 있는가?					

7	한두 달에 걸쳐 읽을 고전책을 선정했으며, 그 책은 아이 수준에 적절한가?
8	평소 부모가 아이에게 책을 읽어 주는가?
9	가족이 같이 둘러앉아 책을 읽을 공간이 서재처럼 꾸며져 있는가?
10	고전읽기 시간에 부모도 같이 독서할 준비가 되어 있는가?

가정 고전읽기 준비도 진단표

해당 점수를 모두 더한 후 아래 설명을 참고하길 바란다.

41~50점	매우 훌륭한 수준의 가정입니다. 지금 바로 고전읽기에 돌입해도 됩니다.
31~40점	좋은 가정입니다. 고전책을 선정하여 고전읽기를 시작하세요.
21~30점	어느 정도 준비가 되어 있습니다. 미진한 항목들을 보충한 후 고전읽기를 시작하세요.
11~20점	준비가 아직 미진합니다. 개선이 가능한 항목을 먼저 고치고 좀 더 준비하세요.
0~10점	성공적인 고전읽기를 위해 좀 더 준비가 필요합니다. 주변의 도움이 가능하다면 도움을 받으세요.

진단표 결과

◆ 우리 학급의 고전읽기 준비도는?

연번	설문 내용	매우 그렇다 (5점)	조금 그렇다 (4점)	보통이다 (3점)	아닌 편이다 (2점)	전혀 아니다 (1점)
1	교사 자신이 반복적으로 즐겨 읽는 고전이 있는가?					
2	고전읽기의 필요성이나 효과에 대해 잘 알고 있는가?					
3	매일 10분, 고전읽기 시간을 확보하였는가?					
4	평소 아이들에게 독서 관련 숙제나 독서 이벤트를 하고 있는가?					
5	학급 비치용으로 읽고자 하는 고전 도서가 10권 이상씩 준비되어 있는가?					
6	반 전체 독서 시간에 방해하는 아이들은 없는가?					
7	한두 달에 걸쳐 읽을 고전책을 선정했으며, 그 책들은 아이들 수준에 적절한가?					
8	반 아이들의 독서 능력을 잘 알고 있는가?					
9	다양한 독후 활동을 할 수 있는 자신이 있는가?					
10	고전읽기 시간에 아이들과 같이 독서할 준비가 되어 있는가?					

학급 고전읽기 준비도 진단표

해당 점수를 모두 더한 후 아래 설명을 참고하길 바란다.

41~50점	매우 훌륭한 수준의 교사(학급)입니다. 지금 바로 고전읽기에 돌입해도 됩니다.
31~40점	좋은 교사(학급)입니다. 고전책을 선정하여 고전읽기를 시작하세요.
21~30점	어느 정도 준비가 되어 있습니다. 미진한 항목들을 보충한 후 고전읽기를 시작하세요.
11~20점	준비가 아직 미진합니다. 개선이 가능한 항목을 먼저 고치고 좀 더 준비하세요.
0~10점	성공적인 고전읽기를 위해 좀 더 준비가 필요합니다. 주변의 도움이 가능하다면 도움을 받으세요.

진단표 결과

저학년 부모들은 여유를 가져야 한다. 서두르
기보다 장기적으로 고전을 어떻게 읽혀야 할
지, 어떤 방향으로 유도할 것인지를 고민해야
한다. 무엇보다 고전을 읽히는 데 집착하기보
다 책을 좋아하는 아이로 만들기 위해 노력해
야 한다. 책을 좋아하고 올바른 독서 습관이
형성된 아이는 나중에 특별한 지도 없이도 고
전을 찾아 읽을 확률이 크기 때문이다.

2장

장기전의 자세로,
1,2학년 고전읽기

2-1

1, 2학년의 발달과 특성을 활용한 고전읽기법

- ◆ 1, 2학년은 고전읽기의 준비기다
- ◆ 아이의 사고와 가치 형성에 주목하라
- ◆ 다양한 고전 문학을 많이 읽혀라
- ◆ 1, 2학년을 고전으로 인도하는 마중물
- ◆ 1, 2학년은 좋은 습관을 들이는 최적의 시기
- ◆ 1, 2학년, 무슨 고전을 어떻게 읽혀야 할까?

1, 2학년은
고전읽기의 준비기다

저학년 부모에게 강조하고 싶은 점은 고전읽기를 서두를 필요는 없다는 것이다. 요즘은 대부분의 아이가 입학 전에 한글을 배우지만, 정상적인 학교 교육 과정에 따르면 1학년 1학기가 끝날 즈음에나 한글을 다 떼게 된다. 이런 아이에게 고전을 권하는 것은 이제 막 걸음마를 떼기 시작한 아이에게 뛰라고 강요하는 것과 같다.

본격적으로 고전읽기가 가능한 시기는 3학년부터다. 그러니 1, 2학년 때는 30년 이상 된 창작 동화를 읽히는 정도가 적합하다. 창작 동화가 무슨 고전이냐며 반문하는 분들도 있을 것이다. 하지만 우리가 고전이라 부르는 책들도 출간될 당시에는 따끈따끈한 신간이었음을 꼭 기억하길 바란다. 한 세대를 30년으로 보는데, 한 세대를 넘는 시간 동안 사랑받은 책이라면 충분히 고전이라고 할 수 있다. 1, 2학년 때 이런 책들을 읽히며 준비하다 보면 3학년부터는 본격적인 고전읽기를 할 수 있다.

저학년 부모들은 여유를 가져야 한다. 서두르기보다 장기적으로 고전을 어떻게 읽혀야 할지, 어떤 방향으로 유도해 갈 것인지를 고민해야 한다. 무엇보다 고전을 읽히는 데 집착하기보다 책을 좋아하는 아이를 만들기 위해 노력해야 한다. 책을 좋아하고 올바른 독서 습관이 형성된 아이는 나중에 특별한 지도 없이도 고전을 찾아 읽을 확률이 크다.

만약 저학년을 담당하는 교사라면 사명감을 가질 것을 당부하고 싶다. 이 시기의 아이들은 담임 교사의 행동을 그대로 모방하려고 한다. 그만큼 담임 교사가 어떻게 하느냐에 따라 아이들이 책을 좋아하게 될 수도 있고 아닐 수도 있다. 매일 아침 10분씩이라도 낭랑한 목소리로 책을 읽어 주거나 책과 관련된 재미있고 즐거운 추억을 만들어 주는 건 어떨까. 해야 하는 일이 많은 만큼, 부담스러운 마음도 충분히 이해가 간다. 하지만 아이들에게 좋은 습관을 선물해 줄 수 있다면, 평생 동안 가지고 갈 좋은 습관을 한 가지라도 심어 줄 수 있다면 최고의 교사가 아닐까? 다소 힘들고 어렵더라도, 사명감을 가지고 하루 10분이라도 아이들이 책과 친해질 수 있게 투자해 볼 것을 권하고 싶다.

아이의 사고와
가치 형성에 주목하라

교실 풍경으로 보는 저학년의 특징

1, 2학년 아이들을 가르치다 보면 이곳이 교실인지, 사파리인지 헷갈리곤 한다. 저학년 아이들은 "선생님, 얘가 내 지우개 몰래 써요." "선생님, 얘가 지금 책에다 낙서해요." 하는 식으로 친구들 사이에서 일어나는 사소한 일들까지 선생님에게 일러 댄다. 책을 읽으라는 단순한 지시에도 "선생님, 무슨 책을 읽어요?" "선생님, 소리 내서 읽어야 하나요?" 등 끊임없이 질문을 쏟아낸다. 아는 것도 물어보는 게 이 시기의 아이들이다.

이뿐만이 아니다. 아직 소근육과 균형감이 완전히 발달하지 못해, 자신의 몸을 잘 가누지 못한다. 금방 체력이 떨어져 교실이든 복도든 상관하지 않고 누워 있기도 한다. 짝꿍과 다정하게 서로의 코딱지로 눈사람을 만들며 좋아하고, 수업 시간과 쉬는 시간을 가리지 않고 여기저기서 화장실을 왔다 갔다 한다.

앞니가 빠져 제대로 발음하지 못하며, 교사의 말을 잘 알아듣지 못한다. 시험지를 나누어 주며 뒤로 돌리라고 하면 자기 자리에서 시험지를 돌리고 있다. 이런 아이들을 통솔하다 지친 교사가 아이들을 정렬하기 위해 화를 내도, 그때뿐이다. 쉬는 시간이 되면 언제 그랬냐는 듯 "선생님~!" 하며 교사 주변으로 몰려든다. 이런 아이들이 천사처럼 보였다가, 악마처럼 보였다가 하는 학년이 바로 저학년이다. 저학년 교사들이 가장 싫어하는 단어가 '선생님'이라고 농담처럼 할 정도니 그 어려움을 알고도 남지 않겠는가.

특징만 알아도 읽혀야 할 책이 보인다

1, 2학년은 상상력이 가장 왕성하고 풍부한 학년이다. 이 시기의 아이들은 어른들의 상식을 뛰어넘는다. 그래서 어떻게 보면 상상력이 풍부하다고 할 수 있고, 어떻게 보면 엉뚱하다고도 할 수 있다. 현실과 상상 세계에 대한 구분이 없기 때문에, 아이가 거짓말을 한다고 다그치기보다 주의가 필요하다. 아이들은 다양한 경험과 지식을 통해 사물을 배워 가면서 조금씩 현실과 상상 세계를 구분해 간다. 이

런 과정은 아이의 사고력을 확장시켜 준다. 간혹 "넌 왜 그렇게 쓸데없는 생각을 하니?" 하며 아이의 상상을 가로막는 경우가 있다. 이미 사고의 틀이 생겨 버린 어른의 입장에서는 이해가 어려울 수 있지만 이러한 상상력과 사고력이야말로 아이들이 현실을 보다 폭넓게 받아들이고 응용하는 데 필요한 능력이라고 할 수 있다.

상상력이 풍부한 만큼 이 시기 아이들은 『이솝 이야기』, 『내 이름은 삐삐 롱스타킹』, 『이상한 나라의 앨리스』처럼 판타지 동화, 창작 동화를 무척 좋아한다.

저학년은 이제 조금씩 책 읽기에 맛을 들이고, 집중력이 생기는 시기다. 그렇기 때문에 『안데르센 동화집』처럼 장편보다는 단편 위주로 읽히는 것이 바람직하다. 2학년 2학기 무렵이 되면, 아이들의 독서력이 상당 부분 좋아진다. 아이가 읽기 교과서를 무리 없이 읽고 이해할 수 있다면, 200쪽 내외의 장편도 소화해 낼 수 있다.

책을 고를 때는 활자 크기도 중요한데, 읽기 교과서의 글자 크기에 준해서 선택하면 된다. 가급적 삽화가 들어간 책으로 선택하되, 원색적이고 단순한 그림보다는 아이들의 상상력을 자극하는 그림이 좋다. 아이가 읽을 책이니 아이가 좋아하는 그림체를 선택하는 것도 좋은 방법이다.

그리고 이 시기에는 자아가 생기고 조금씩 무엇이 옳고 그른 것인지를 판단해 가는 때인 만큼, 긍정적이고 미래 지향적인 내용의 책을 읽게 해야 한다. 이런 책을 '상승 모티브가 있는 책'이라고 하는데,

「미운 오리 새끼」와 같은 동화가 좋은 예다. 아무리 작품성이 뛰어나더라도 슬프고 비극적인 결말은 이 시기 아이들의 정서 발달에 좋지 않다. 또한 선악 구별이 모호한 책보다는 전래 동화처럼 선악의 구별이 명확하고 주제가 긍정적이며 간결한 책이 좋다. 다만 전래 동화는 외국 작품보다는 국내 작품을 먼저 읽히는 것이 바람직하다. 전래 동화에는 그 민족만의 독특한 정서나 배경이 깔려 있기 때문에 외국 전래 동화의 경우 스키마 형성이 덜 되어 있는 저학년들에게는 다소 어렵고 오해의 소지가 있을 수 있다.

조급한 마음에 저학년 아이에게 『명심보감』, 『소학』과 같은 인문 고전을 읽히려는 마음이 들더라도 조금 더 참기를 바란다. 물론 2학년 아이가 『논어』를 재미있게 읽었다는 사례가 없는 건 아니다. 하지만 이는 매우 이례적인 경우다. 1, 2학년의 경우 인문 고전은 아직 시기상조이며, 아이가 책 읽기를 무척 좋아한다면 2학년 정도 되었을 때 『사자소학』으로 시작할 것을 권하고 싶다.

다양한 고전 문학을
많이 읽혀라

저학년 아이는 이야기로 이루어진 고전 문학 작품을 추천한다. 물론 최근에 나온 창작 문학 중에도 좋은 작품이 많다. 하지만 시간의 여과 장치를 통과한 고전 문학 작품의 깊이와는 비할 바가 아니다.

아이의 세계가 넓어진다

요즘 아이들이 노는 것을 보면 신기할 때가 많다. 친구가 수시로 바뀌고, 친구 사이에도 네 것, 내 것이 분명하다. 자신과 다르거나 잘 맞지 않는 친구와는 가까이 지내려고 하지 않는다.

옛날 아이들은 집 안에서는 형제들과, 밖에서는 또래 아이들과 어울리며 다양한 성격의 아이들과 어울리는 법, 모든 사람이 나와 똑같지 않음을 받아들이는 법 등을 터득해 나갔다. 문제가 생겼을 때에도 이를 어떻게 해결해 나가야 하는지를 시행착오를 겪으며 배웠다. 하지만 요즘 아이들은 형제나 자매 없이 외동인 경우가 많은 데다 과도한 학습량에 치여 타인에 대한 인식은커녕 자기 자신에 대해서도 제대로 인지할 기회를 갖지 못하는 것 같다.

고전 문학은 이러한 요즘 아이들에게 타인을 이해하고 자신을 제대로 바라볼 수 있는 기회를 제공한다. 고전 문학에는 인간의 본성이 집약되어 있기 때문이다. 그 줄거리만으로도 완벽한 작품성을 갖지만, 이를 풀어 나가는 과정에서 보여 주는 등장인물들 간의 갈등과 미묘한 감정 변화, 생각 등이 아주 섬세하게 묘사되어 있다. 저마다 다른 개성과 배경을 가진 인물들이 각각의 상황에서 어떻게 행동하고 생각하는지가 여실히 담겨 있다. 이로 인해 아이들은 고전 문학을 읽으며 나와 닮은 사람을 발견하고, 그 인물을 통해 자신을 보다 깊이 이해하게 된다. 이럴 때 다른 사람들은 이런 생각을 하고, 이런 기분이겠구나 하며 깨닫는다. 작품을 통해 나와 타인을 이해하게 되는 것이다. 이는 자신의 잘못된 행동이나 생각을 바로잡고, 상대방을 배려하고 이해하고자 노력하게 만든다.

학교에서 아이들과 『소나기』를 읽었을 때, 많은 아이가 감동을 받았다. 특히 주인공 소녀가 죽었을 때는 자신이 마치 주인공 소년인 것처럼 눈물을 흘렸다. 자신을 작품 속의 인물과 동일시하여 감정을 이입했기 때문이다. 이는 아이가 책 속의 내용을 자신의 삶과 연관지을 수 있다는 것을 의미한다. 이런 동일시 과정은 아이가 스스로를 더욱 깊이 이해할 수 있도록 돕는다. 즉 고전 문학을 한 편, 한 편 읽을 때마다 아이는 자신과 주변 세계를 이해하고 받아들이는 시야가 넓어지고 깊어지게 된다.

최고의 선생님에게 받는 상상력 훈련

아이들이 이야기책을 유독 좋아하는 이유는 재미도 재미지만, 무한한 상상의 세계가 펼쳐지기 때문일 것이다. 특히 저학년 아이들에게 재미와 상상은 거의 동의어로 쓰이곤 한다. 인생에서 최고의 정점을 찍는 주체할 수 없는 상상력이 바로 책 속에 펼쳐져 있으니 아이들 입장에서는 흥분할 수밖에 없을 것이다. 고전 문학 작품에는 아이들과 같은 엉뚱하고 기발한 상상력이 담겨 있다. 하지만 아이들의 상상력이 대부분 단발적이고 허술한 반면 작가들은 이것에 치밀함과 논리성을 더해 재미를 만들어 낸다. 그래서 고전 문학 작품을 자주 접할수록 상상력의 힘이 커진다. 저학년 아이에게 고전 문학 작품만큼 좋은 상상력 훈련 선생님도 드물다.

'관찰력, 통찰력, 상상력'은 날이 갈수록 더욱 중요해지고 있다. 그도 그럴 것이 이 능력들은 모든 분야에서 꼭 필요한 필수 능력이기 때문이다. 하물며 친구와의 게임에서 이기려 해도 상대의 전략과 장단점을 파악할 줄 아는 관찰력과 통찰력이 필요하다. 도저히 풀릴 것 같지 않던 수학 문제도, 엉뚱한 상상력이 힌트가 되어 풀리기도 한다.

고전 문학 읽기가 이러한 능력을 향상시키는 가장 효과적인 방법이라는 것을 모르는 사람은 없을 것이다. 작가만큼 상상력과 관찰력이 뛰어난 사람이 있을까. 아무런 연관도 없어 보이는 현상이나 사물들을 상상력이라는 고리를 통해 연결시키고, 일반 사람들은 그냥 스치고 지나가는 사람들의 작은 몸짓과 그 속에 담긴 의미, 그것이 다음 결과에 미치는 영향까지 정확히 짚어 낸다. 그리고 거기에 이야기를 덧입혀 자신의 메시지를 대중에게 전달한다. 아이들은 이렇게 완성된 고전 문학을 읽으면서 자신도 모르게 관찰력, 통찰력, 상상력 등을 훈련하게 된다.

고전 문학 작품을 통해 상상력 훈련을 잘 받은 아이는 꿈이 생긴다. 꿈이라는 것은 상상력에서 오는 것이기 때문에 상상력이 없는 사람은 절대 꿈을 꿀 수 없다. 아이에게 "너는 왜 꿈도 없니?"라고 탓하기 전에 아이에게 꿈을 꿀 만한 상상력이 있는지를 먼저 따져 봐야 할 일이다.

아이들은 인문 고전보다 고전 문학을 쉽게 받아들인다. 그렇다고 아무 작품이나 권해서는 실패하기 쉽다. 아이를 위해 고전 문학을 선택할 때는 다음 사항에 유의해야 한다.

◆ 해피엔딩인가?

지나치게 슬프고 비극적인 결말의 작품이나 사회 모습을 너무 우울하고 부정적으로 그린 작품들보다는 해피엔딩 구조의 밝은 작품을 읽혀 긍정적인 사고를 형성하도록 도와야 한다. 특히 초등 시기는 선악, 옳고 그름 등의 가치가 자리 잡아 가는 때이므로, 이러한 가치가 명확하게 드러나는 이야기를 선택해야 한다.

◆ 말하고자 하는 주제가 명확한가?

책을 다 읽었음에도 그 줄거리가 잘 파악되지 않는 작품들이 있다. 이런 책은 아이들에게 적합하지 않다. 초등 시기는 가급적 줄거리가 탄탄하여 예측과 확인이 가능한 작품을 읽혀야 한다. 또한 아이들은 집중할 수 있는 시간이 짧기 때문에, 줄거리가 모호한 책은 외면받기 쉽다. 따라서 주제와 내용이 명확한 책인지를 잘 살펴보고 선택해야 한다.

◆ 주인공의 성격은 어떠한가?

초등 시기의 아이들은 소설 속 주인공을 닮고 싶어 한다. 따라서 주인공이 어떤 성품을 지녔는지, 아이에게 긍정적인 영향을 미칠 수 있는 인물인지를 먼저 살펴볼 필요가 있다. 그렇다고 너무 바르고 착하기만 한 아이의 이야기는 아이들이 재미없어한다. 아이가 흥미를 가지고 볼 수 있도록 삐삐처럼 개성과 매력이 넘치는 주인공이 나오는 이야기를 선택해야 한다.

◆ 책이 예쁜가?

아이들 역시 보기 좋은 책을 더욱 선호하는 경향이 있다. 그 내용이 아무리 좋을지라도 너무 어렵고 딱딱해 보이면 거부한다. 요즘에는 아름다운 그림과 디자인을 가미한 고전이 많이 출간되고 있다. 이런 책들은 비록 고전일지라도 아이들이 갖고 싶어 하고, 읽고 싶어 한다.

◆ 아이가 관심을 보이는가?

아무리 많은 아이가 효과를 본 공부법일지라도, 내 아이의 성향과 맞지 않는다면 무용지물이다. 책도 마찬가지다. 아이가 별로 좋아하지 않고, 관심을 보이지 않는 책은 아무리 읽히려고 노력해도 실패하기 쉽다. 설령 억지로 읽혔다 해도 남는 것이 없다. 따라서 아이의 관심과 흥미를 반영하여 고전을 선택해야 한다. 예를 들어 사랑 이야기를 좋아하는 아이라면『오만과 편견』을, 신비한 모험담을 좋아하는 아이라면『이상한 나라의 앨리스』를 선택하는 것이다.

◆ 원전인가?

4학년 아이를 둔 어머니가 이런 이야기를 해주었다. 자기 딸아이가 400쪽이 넘는『작은 아씨들』을 원전으로 읽었는데 너무 재미있어했다는 것이다. 다시 읽을 때 원전을 권하면 부담스러워할까 봐 200쪽으로 축약된 책을 권했더니, 재미없다며 싫어하더란다. 결국 아이가 다시 원전을 찾아 읽는 것을 보고 새삼 원전의 힘을 느꼈다고 말했다.

누누이 강조하지만 고전은 원전으로 읽혀야 한다. 특히 고전 문학은 더욱 그렇다. 고전 문학을 문고판이나 만화책으로 읽힐 이유가 전혀 없다. 왜냐하면 두께가 두껍다고 할지라도 이야기로 되어 있기 때문에 아이들도 잘 읽어 낸다. 더욱이 500쪽짜리 원전을 읽을 때와 200쪽짜리 요약본을 읽을 때, 어느 쪽이 더 이해가 쉬울 것 같은가? 요약된 글로는 고전 문학에서 얻을 수 있는 감동이나 깨달음을 절대 얻을 수 없음을 기억하길 바란다.

1, 2학년을 고전으로
인도하는 마중물

마중물은 펌프질을 할 때 물을 끌어 올리기 위해 펌프에 부어 주는 물을 말한다. 한 바가지 정도로 아주 적은 양이지만 마중물로 끌어 올릴 수 있는 땅속 물의 양은 가늠할 수 없다. 이런 마중물처럼 고전 읽기에서도 마중물이 필요하다. 바로 고전 읽어 주기다. 부모의 목소리가 마중물이 되어 아이의 깊은 곳에 있는 잠재력을 깨운다. 고전을 처음 시작하는 아이나 고전읽기를 어려워하는 아이들에게 가장 권하고 싶은 방법이다. 준비물도 딱히 필요 없다. 부모의 의지만 있다면 얼마든지 가능하다. 이를 통해 아이가 고전에 흥미를 느끼기 시작하면 그때부터는 더 이상 부모의 도움이 필요하지 않을 것이다.

만화만 찾던 아이도 귀를 기울인다

한 어머니가 내게 이런 편지를 보내 왔다. 다음은 그 편지 내용의 일부분이다.

🐾 내년이면 초등학생이 되는 남자아이를 키우고 있는 엄마입니다. 아이가 『마법천자문』 시리즈나 『why?』 시리즈와 같은 학습 만화를 접하면서 그동안의 책 읽기 패턴이 완전히 무너져 버렸습니다. 책 읽기 습관이 이러다 완전히 무너질까 너무 걱정됩니다.

선생님의 책을 읽고 용기를 내어, 블록 놀이를 하는 아이 옆에서 『어린 왕자』를 읽어 줬습니다. 잘 듣고 있지 않을 거라고 생각했는데, 그래도 듣고 있긴 했나 봅니다. 어디까지 읽었는지 정확히 기억하고 있더라고요. 마지막 대사까지도요. 정말 의외였습니다. 심지어 철학적인 의미가 담긴 구절도 잘 이해하는 것 같았습니다. 블록 놀이를 멈추더니 끝까지 읽어 달라고 하더라고요. 그래서 3시간 동안 내리 읽어 주었습니다. 아이가 마지막 장면에서는 혼자 막 흐느껴 울기까지 하더라고요. 어린 왕자가 뱀과 만나 이야기하는 장면은 좀 어려울 거라 생각했는데, 정확히 이해한 건 아니겠지만, 불쌍하고 너무 감동적이라며 우는데 정말 뭐라 설명할 수 없는 느낌을 받았습니다. 그 감동이 그다음 날까지 계속되었나 봅니다. 유치원에 다녀온 아이가 갑자기 눈이 빨개지면서 울 것 같은 표정을 짓더라고요. 감정이 너무 풍부해서 그런 걸까요? 아님 정말로 애들도 감동이라는 걸 느끼는 걸까요?

다음 날도 읽어 달라고 하여 또 읽어 주었습니다. 그 후 며칠 동안은 마음에 드는 부분을 골라 반복해서 보더라고요. 그러면서 어젯밤에는 "중요한 것은 눈에 보이지 않는다."라는 말을 하더니 눈에 보이지 않는 중요한 것에는 무엇이 있는지 말해 보자고 하더군요. 스스로 이렇게까지 확장해 가면서 읽는 모습이 대견스러웠습니다.

나는 이 내용을 읽고 깊은 감동을 받았다. 사실 편지 전문에는 아이의 고전읽기에 대한 어머니의 고민이 가득 담겨 있었는데, 위에 소개한 내용 덕분에 읽어 주기의 힘을 새삼 다시 확인할 수 있었기 때문이다.

평소 책을 잘 읽던 아이도 한순간에 책 읽기 습관이 무너질 수 있다. 매일 자기 전에 꼭 책을 읽던 아이가 고학년이 되자 그런 습관이 없어진 경우를 보기도 했다. 따라서 부모는 끊임없이 아이의 책 읽기 습관에 관심을 기울일 필요가 있다. 편지 속 아이도 마찬가지였다. 그런데 『어린 왕자』를 읽어 주자 흠뻑 빠져들며 스스로 확장해서 읽는 모습까지 보여 주었다. 읽어 주기의 힘이 그만큼 크다는 것을 알 수 있다.

나 역시 책 읽어 주기의 힘을 실제로 경험한 적이 있다. 몇 년 전 4학년 반에 보결 수업을 들어간 적이 있었다. 당시 아이들에게 맥스 루케이도의 『너는 최고의 작품이란다』라는 책을 읽어 주었다. 이 책은 볼품없고 못생긴 외모를 한탄하던 허미라는 애벌레가 나중에 아름다운 호랑나비가 된 뒤 자신이 최고의 작품이었다는 것을 깨닫는다는 50쪽도 채 되지 않는 그림책이다.

구연동화를 하듯이 감정을 살려 읽어 주자, 아이들이 무척 좋아했다. 그리고 6학년이 되어 그때의 아이들을 다시 가르치게 되었다. 놀랍게도 아이들은 나조차 잊고 있었던 당시의 일을 생생하게 기억하고 있었다. 그러고는 내가 읽어 준 목소리나 표정까지 흉내 내면서 또 읽어 달라며 졸라 댔다.

이때의 경험을 통해 책은 스스로 읽는 것보다 누군가 읽어 주는 것이 더 오래 기억에 남는다는 것을 깨달았다. 어려서 부모가 책을 많이 읽어 준 사람들 중에 세계적인 위인이 많은 것도 이런 이유 때문이 아닐까 하는 생각이 들었다.

그중 대표적인 위인이 바로 괴테다. 괴테의 어머니는 어린 괴테가 잠들 때까지 머리맡에서 항상 책을 읽어 주었다. 한참 이야기가 재미있게 전개될 때마다 읽기를 멈추고 그다음 이야기를 상상해 보도록 했다. 그러면 어린 괴테는 그다음 이야기를 상상하며 잠이 들곤 했다.

우리나라의 대표 문학가인 이효석은 엄마 무릎을 베고 듣던 책 읽어 주는 소리가 자신이 작가가 될 수 있었던 중요한 밑거름이었다고 말하기도 하였다. 최고의 지성으로 추앙받는 이어령 역시 한 수필에서 "나는 글자를 알기 전에 먼저 책을 알았다. 어머니는 내가 잠들기 전 늘 머리맡에서 책을 읽고 계셨고 어느 책들은 소리 내어 읽어 주시기도 했다."라고 밝혔다.

이들의 부모들은 알았을까? 자신들의 목소리가 아이에게 놀라운 마중물이 되리라는 사실을 말이다. 아마 이들도 상상하지 못했을 것이다. 부모의 목소리는 아이의 영혼을 깨우고 잠재된 능력을 길어 올리는 놀라운 마중물임을 꼭 기억했으면 한다.

◆ 책 읽어 주는 방법

책 읽어 주기가 아이의 독서 능력 향상에 전혀 도움이 안 된다고 생각하는 분도 있다. 아이들은 열네 살 전까지 읽는 것보다 듣는 능력이 훨씬 뛰어나다. 더욱이 듣기와 읽기의 반응 방식은 거의 똑같다. 당연히 들려줌으로써 아이의 독서 능력을 활성화시킬 수 있다. 특히 아이가 어려워하거나 생소해하는 책들은 가급적 읽어 주는 것이 좋다.

책을 읽어 주면 아이의 듣기 능력이 저절로 좋아진다. 듣기 능력이라고 하면 외국어 듣기 능력만을 생각하기 쉽다. 사실 읽기 능력만큼 중요한 것이 듣기 능력이다. 아이가 질문과 다른 대답을 하거나, 수업 시간에 안 배운 것이 시험에 나왔다고 하거나, 준비물을 종종 빠뜨린다면 아이의 듣기 능력을 점검해 볼 필요가 있다. 특히 듣기 능력은 모든 공부의 기본이 된다. 수업 시간에 선생님의 설명을 잘 듣고 이해하는 것이 학습의 근간이기 때문이다. 결국 책 읽어 주기가 아이의 성적에도 긍정적인 영향을 미치는 것이다.

그렇다면 책을 어떻게 읽어 주어야 하는 것일까?

- 이야기 전개가 빠르면서도 탄탄하고, 의성어와 의태어가 많이 등장하는 책이 좋다. 아이가 어릴수록 그림이 많은 책이 좋은데, 그림을 함께 보여 주며 읽어 줄 때 더욱 효과적이다.

- 잔잔한 목소리보다는 조금 큰 소리로 천천히 읽어 주는 것이 좋다. 가능하다면 배우처럼 감정을 섞어 연기하듯이 생생하게 읽어 줄수록 아이가 더욱 빠져든다. 음색뿐만 아니라 읽어 주는 속도에 변화만 주어도 아이의 주의력이 달라진다. 느리게 읽어 주었다가 갑자기 빠르게 읽는 등 속도에 변화를 주면서 읽으면 더욱 집중해서 듣는다. 읽어 주는 속도가 아이의 사고(思考) 속도를 좌우한다.

- 무작정 다 읽어 주지 말고, 중요한 장면이나 위기 장면에서는 아이에게 내용을 상상해 보게 하는 것이 좋다. 또한 "어때? 재미있니?" "이 사람은 왜 이런 행동을 했을까?" "너라면 어떤 선택을 했을 것 같니?" 등 질문을 던져 주자. 아이가 집중해서 듣게 되고 사고력도 높아진다. 읽는 도중 아이가 모르는 어휘에 대해 물어볼 경우, 바로 알려 주기보다 "너는 무슨 뜻인 것 같니?"라는 질문을 던져 먼저 생각해 보게 하면 추론력과 사고력의 발달을 꾀할 수 있다.

- 책을 읽어 줄 때는 시간에 구애받지 않고, 양보다는 질로 접근해야 한다. 얼마나 오래, 얼마나 많이 읽어 주느냐보다 어떻게 읽어 주느냐를 항상 고민했으면 한다.

- 『하루 15분, 책 읽어 주기의 힘』이라는 책을 보면, 읽기 연령과 듣기 연령이 같아지는 시기는 열네 살이며, 배 속에 있을 때부터 이 시기가 될 때까지 읽어 주는 것이 좋다고 한다. 열네 살까지는 아니더라도 저학년 때까지는 읽어 주어야 하지 않을까?

1, 2학년은 좋은 습관을 들이는 최적의 시기

"선생님, 손이 허전해서 책 읽는 맛이 안 나요!"

2학년의 한 아이가 아침 독서 시간에 책을 읽다 말고 내뱉은 말이다. 평소 책을 읽을 때마다 손에 쥐던 연필을 깜빡하여 허전한 마음에 혼잣말처럼 터져 나온 말이었다. 나는 독서 시간이면 항상 책을 세우고 자세를 바로하게 한 다음 손에 연필이 쥐어져 있는지를 확인한다. 이유는 간단하다. 책을 읽다가 모르는 단어가 나오면 동그라미를 치고 감동적이거나 재미있는 부분이 나오면 밑줄을 긋게 하기 위해서다.

습관처럼 무서운 것은 없다. 습관이 되면 아무리 어렵고 힘든 일도 아주 자연스럽고 힘들이지 않고 할 수 있다. 고전을 읽는 것부터가 어렵고 힘든 일이지만, 좋은 독서 습관을 들인다면 훨씬 수월하게 접근할 수 있다. 저학년은 이 습관을 들이는 최적의 시기다.

힘들고 귀찮더라도 소리 내어 읽기

고전을 읽을 때마다 느끼는 점이지만 아이들은 너무 빨리 읽는다. 누가 빨리 읽는지 경쟁이라도 하는 것처럼 해치우듯 읽는다. 이러한 원인에는 여러 가지가 있겠지만, 대부분 책을 눈으로만 읽기 때문이다. 그러나 고전은 눈으로 읽기보다 입으로 읽기를 권하고 싶다.

> "책을 읽을 때는 반드시 한 가지 책을 습득하여 그 뜻을 모두 알아서 완전히 통달하고 의문이 없게 된 다음에야 다른 책을 읽을 것이요. 많은 책을 읽어서 많이 얻기를 탐내어 부산하게 이것저것 읽지 말아야 한다."
>
> – 『격몽요결』 중에서

조선시대 최고의 독서가 율곡 이이가 『격몽요결』에서 갈파한 말이다. 이 가르침을 항상 기억한다면 가장 효과적인 고전읽기를 할 수 있을 것이다. 그리고 이를 실천하는 가장 현실적인 방법이 바로 소리 내어 읽기다. 소리 내어 읽으면 어린아이들은 발음이 정확해지고, 목소리가 트여 발표력이 좋아지며, 의미 단위로 끊어 읽기를 잘하게 된다. 무엇보다 소리 내어 읽다 보면 읽는 속도가 묵독을 할 때보다 느려지기 때문에 자연스럽게 정독 효과가 높아진다.

요즘 아이들은 속독이 습관화되다 보니 그 의미를 파악하려 하지 않고 글자만 읽고 넘어가는 경향이 있다. 빨리 읽으면 정보는 쌓일지 모르지만 정보를 사용하는 지혜와 안목은 생기지 않는다. 글의 내용을 충분히 읽고 감상할 수 있는 속도가 올바른 책 읽기 속도라고 할 수 있다.

물론 빠르게 정보만을 파악해야 하는 책도 있다. 아이에게 책마다 그 목적에 따라 읽기법을 달리해야 하며, 고전은 천천히 읽어야 하는 책이라는 점을 충분히 설명해 주어야 한다. 그리고 충분히 읽을 시간을 주어 시간에 쫓겨 빨리 읽지 않도록 해야 한다. 천천히 음미하며 제대로 읽게 하는 방법 중에 소리 내어 읽기만한 것이 없다.

소리 내어 읽기는 저학년 국어 교육 과정에서도 굉장히 강조되고 있는 부분이다.

학년	읽기 성취 수준
1학년	• 낱말과 문장을 정확하게 소리 내어 읽기 • 변하는 소리에 주의하면서 소리 내어 읽기 • 의미가 잘 드러나도록 띄어 읽기 • 방법을 달리하여 띄어 읽기
2학년	• 글의 목적과 분위기에 따라 다르게 낭독하는 법 이해하기 • 글의 분위기를 살려 효과적으로 낭독하기

저학년 읽기 성취 목표

이처럼 저학년 때 소리 내어 읽기가 강조되는 것은 소리 내어 읽기가 다른 어떤 읽기 방법보다 저학년 아이들에게 효과적이고 적합하기 때문이다. 따라서 저학년 때는 가급적 묵독보다는 음독을 하게 해야 한다.

소리 내어 읽기는 매일 10분 정도씩 하는 것을 원칙으로 하되 아이의 컨디션에 따라 조절하면 된다. 소리 내어 읽을 때는 아이 방에서 거실에 있는 부모에게까지 들릴 정도로 큰 소리로 읽게 해야 한다. 이때 부모는 아이의 음독을 들으면서 억양이나 발음 그리고 끊어 읽기 능력 등을 체크해 준다.

그냥 읽게 하면 아이가 지루해할 수 있다. 대화문이라면 서로 이야기를 주고받듯 읽어 보게 하거나 인물의 특징이나 상황을 살려 읽어 보게 하면 재미있어한다. 무엇보다 가족이 함께 동참해 주는 것이 효과적이다. 한 문장 혹은 한 문단씩 돌아가면서 읽는 것이다. 교실에서도 아이들에게 음독을 시킬 때는 순서를 정해 놓고 한 구절씩 혹은 한 문단씩 읽힌다. 하지만 온 교실 아이들이 같이 읽는 일제 음독은 가급적 지양하는 것이 좋다.

연필을 쥐고 책을 읽는다

앞에서 나는 아이들에게 항상 손에 연필을 쥐고 읽게 한다고 말했다. 책을 읽으며 받은 아무리 강렬한 느낌이나 생각들도 하루 이틀이 지나면 잘 떠올리기 힘들다. 하지만 책에 흔적을 남기면서 읽으면 그 흔적들이 오래 남아 때로는 당시의 느낌과 생각을 선명하게 떠오르게 해준다.

저학년 아이들도 얼마든지 부담 없이 이러한 읽기를 실천할 수 있다. 바로 모르는 단어에 동그라미를 치며 읽는 방법이다. 책을 읽다가 나온 모르는 단어에 동그라미를 치면 되는데, 이를 위해서는 내용에 신경 쓰며 읽어야 한다.

이것을 시켜 보면 몇 가지 놀라운 사실을 발견하게 된다. 아이들 간의 어휘력 격차가 상당히 크다는 사실이다. 너무 쉬운 단어를 모르는 아이, 사람 이름이나 지명에도 동그라미를 치는 아이 등등 황당한 일들도 발생한다. 이런 경우를 사전에 충분히 인지한 뒤 아이들이 어려워하는 단어는 그 뜻과 용례를 설명해 주어야 한다. 어휘력 향상에 큰 도움을 줄 수 있다.

동그라미 치기에 익숙해졌다면, 밑줄 긋기를 시도해 보자. 아이들은 밑줄을 그으라고 하면 무슨 말인지 잘 모른다. 다음과 같은 구절에 밑줄을 그을 수 있도록 지도하면 좋다.

- 강렬한 감동을 받은 문장
- 핵심 어휘라고 생각되는 단어
- 중심 주제라고 생각되는 문장

- 오랫동안 다시 음미하면서 읽고 싶은 문장
- 가족이나 친구에게 읽어 주고 싶은 문장

색을 달리하여 밑줄을 그으면 눈에 한결 더 잘 들어온다. 또한 중요한 곳에는 별표를 하거나, 나중에 다시 찾아 읽기 편하도록 책 모서리를 접어 두는 것도 좋은 방법이다. 이때 왜 이 문장이 마음에 들었는지, 어떤 생각이 들었는지 등을 문장 옆에 같이 적어 두면, 나중에 다시 보았을 때 그때의 감동을 다시 느낄 수 있다. 저학년 아이들에게는 밑줄을 그은 이유를 10자 이상으로 적어 보라고 하면 좋은 효과를 거둘 수 있다. 이런 메모는 나중에 글쓰기를 하거나 아이디어를 구상할 때 도움이 되기도 한다.

손으로 읽으면 깊이 있는 책 읽기가 가능해진다

고전 강연에서 초등 2학년인 쌍둥이 자녀를 둔 어머니에게 이런 이야기를 들었다. 아이들에게 6개월에 걸쳐 『사자소학』을 읽혔다는 것이다. 처음에는 별로 재미없어하고 어려워하는 것 같아 자신이 먼저 읽어 주고 아이들에게는 필사를 시켰다고 한다. 그러자 놀랍게도 아이들이 서로 『사자소학』에 나오는 말들을 인용하며 대화를 나누거나, 내용의 의미를 스스로 깨닫는 모습을 보였다는 것이다. 필사의 힘을 절실히 느낀 그 어머니는 고전 문학에도 한번 도전해 보려고 한다며 눈을 빛냈다.

사실 필사를 하기 위해서는 책을 수없이 되뇌어 읽어야 한다. 쓰는 속도에 맞춰 읽게 되므로, 저절로 천천히 읽게 된다. 더군다나 초등학교 아이들은 손아귀의 힘이 별로 없기 때문에 자꾸 글을 쓰게 함으로써 악력을 발달시켜 주어야 한다. 손을 많이 쓰면 머리가 좋아진다는 건 설명하지 않아도 알 것이다.

초등학생들이 필사하면 좋은 책으로는 『사자소학』, 『명심보감』, 『논어』, 『성경』 중 「잠언」을 권한다. 처음부터 끝까지 필사를 시켜도 되지만, 이것이 어렵다면 부분 필사를 시켜도 좋다. 아이가 좋아하는 구절을 필사하게 하는 것이다. 비단 이런 책만이 아니라 본인이 읽은 책 중에서 마음에 드는 책을 필사하게 하는 것도 좋다. 나는 3학년의 어떤 여자아이가 『아낌없이 주는 나무』가 너무 마음에 들어 수십 번 읽고 그것도 성에 안 차서 처음부터 끝까지 필사하는 모습을 본 적이 있다. 이런 책들은 아이에게 '인생의 책'이 된다.

필사의 또 다른 좋은 점은 심신을 차분하게 가라앉힌다는 것이다. 나는 아이들이 싸우거나 욕을 하면 사후 처방으로 『명심보감』이나 「잠언」을 필사시키곤 한다. 그러면 필사를 하는 사이 아이들의 흥분과 치솟은 감정이 가라앉는 것을 보게 된다. 손으로 쓰는 활동은 사람의 심신을 차분하게 가라앉히는 효능이 있다. 쓰는 내용이 명문(名文)이거나 미문(美文)이라면 그 효능은 배가 될 것이다. 더욱 좋은 것은 필사를 하면서 가슴에 새길 수 있고 암기도 된다는 사실이다. 가슴에 새겨진 몇몇 명문이나 미문은 인생의 이정표가 되어 아이를 이끌어 주기도 한다.

특히 초등 저학년 때 더욱 필사를 권하는 이유는 글씨 쓰기 연습이 되기 때문이다. 이 시기 아이들은 연필을 쥐고 자꾸 써보는 연습을 해야 한다. 그래야 악력과 운필력이 생겨 글씨를 잘 쓸 수 있다. 필사하기는 이런 측면에서 초등 저학년에게 딱이다. 한 글자 한 글자 정성껏 쓸 수 있도록 가급적 네모 칸 공책에 필사하기를 권한다. 또한 너무 힘들어 질리지 않도록 하루 공책 한 쪽 이상 쓰는 것은 지양해야 한다.

1, 2학년, 무슨 고전을
어떻게 읽혀야 할까?

저학년 아이들을 위한 추천 고전 목록을 이 꼭지 맨 뒤에 소개해 놓았다. 이를 참조하여, 이제부터 가정에서 활용할 수 있는 읽기법을 알려 주고자 한다. 사실 고전도 책이므로, 일반적인 책 읽기 방법과 완전히 다른 방법이 있는 것은 아니다. 모든 읽기 방법은 공통되지만 고전이라는 특수성 때문에 그중 더욱 효과적인 방법들이 있을 뿐이다. 따라서 군이 이 책에서 소개하는 방법이 아니더라도, 평소 아이가 좋아하는 읽기법이 있다면 그것을 적용해도 무방하다.

반복하는 것을 지루해하지 않는다

저학년을 위한 고전은 대체로 책이 얇다. 50쪽 내외의 책은 끊어 읽다 보면 전체 흐름을 잡기 어려워 재미가 반감된다. 따라서 이렇게 얇은 고전은 반복해서 읽히는 것이 더욱 효과적이다. 반복해서 읽히면 지루해할 것 같지만, 아이가 어릴수록 반복해서 읽는 것을 별로 괴로워하지 않는다. 오히려 자기가 좋아하는 작품은 마르고 닳도록 반복해서 즐기는 경향이 있다.

아이들을 대상으로 고전읽기에 대해 강연할 때였다. 반복 읽기를 설명하면서 혹시 책 한 권을 100번 이상 읽은 학생이 있느냐고 물었다. 그러자 똑똑해 보이는 어떤 여자아이가 번쩍 손을 들었다. 순간 당황스러웠다. 당연히 없을 줄 알고 한 질문이었기 때문이다. 그 여자아이에게 무슨 책을 100번 이상 읽었느냐고 물었더니 『어린 왕자』라고 대답했다. 왜 그렇게 많이 읽었느냐고 했더니 그냥 그 책이 좋아서 틈만 나면 읽었단다. 당연한 결과겠지만, 아이는 책 내용을 좔좔 외우고 있었다. 이 정도 반복해서 읽으면 그 책은 단순한 책이 아니라 그 아이의 인생관과 가치관을 형성한다.

반복 읽기가 학습 능력을 향상시켜 준다는 연구 결과도 있다. 영국 석세스 대학 연구팀은 3세 아이들을 두 그룹으로 나누어 한 그룹은 특정 단어를 사용한 3개의 서로 다른 이야기를 들려주고, 또 한 그룹은 특정 단어를 사용한 한 개의 이야기만을 들려주었다. 그 결과 후자 그룹의 아이들이 훨씬 단어를 잘 기억해 낸다는 것을 발견했다.

반복 읽기를 진행할 때는 책 맨 앞장에 읽은 날, 횟수 등을 기록하는 것이 좋다. 그 기록들이 아이의 독서 기록이자 증거가 되어 아이의 독서 성취욕을 자극해 주기 때문이다.

자세에 따라 이해도가 달라진다

낯설고 어려운 고전을 읽기 위해서는 집중력과 인내심이 필요하다. 그런데 저학년 아이들은 이것이 부족하다. 억지로 웃다 보면 진짜 즐거워진다고 하듯이 행동을 취하다 보면 마음이 따라오게 되어 있다. 올바른 자세로 고전을 읽히다 보면 저절로 부족한 집중력과 인내심도 개선된다.

요즘 많은 독서 전문가가 편한 자세로 책을 읽힐 것을 권하고 있지만, 정재천 독서 전문가는 "바른 독서 자세는 안정성이 높아져 집중력과 지구력을 향상시킨다. 일반적으로 10~20분 정도 시간이 지나면 독서가 흐트러지게 된다. 그런데 바른 독서 자세를 취하면 지속성이 좋아지고 장시간 독서할 수 있게 된다. 또 힘의 소모를 줄이고 독서 방해 행동이 제거되어 이해 능력이 향상된다."고 주장한다. 그만큼 효율적인 독서를 위해서는 올바른 자세가 중요하다는 의미다. 특히 고전처럼 아이들이 낯설어하고 어려워할 수 있는 책일수록 올바른 독서 자세가 중요하다. 1학년은 최소 10분, 2학년은 최소 20분 정도 바른 자세로 앉아 정독할 수 있어야 한다. 저학년 때부터 이런 습관을 기른다면, 고학년이 되었을 때는 책상에 한두 시간씩 앉아 집중할 수 있는 힘을 갖게 될 것이다.

답이 있는 질문을 삼가라

저학년 아이들은 상상력이 풍부하다. 그래서 책을 읽은 후 읽은 내용에 대해 물어보면 전혀 엉뚱한 답을 하곤 한다. 이런 특성을 감안하여 저학년 아이에게는 답이 정해져 있는 '닫힌 질문'보다 답이 다양하게 나올 수 있는 '열린 질문'을 하는 것이 좋다. 예를 들어 "주인공의 이름이 무엇이니?"는 닫힌 질문이다. "네가 주인공이라면, 너는 어떻게 행동했을 것 같니?"는 열린 질문이다.

열린 질문은 답이 틀리고 맞느냐를 따지기보다 아이가 책을 제대로 이해하고 있는지에 주목하는 질문이다. 닫힌 질문은 틀릴 수도 있다는 생각에 주눅이 들게 하지만, 열린 질문은 자신감을 심어 준다. 또한 닫힌 질문은 사고의 폭을 점점 좁히지만, 열린 질문은 사고의 폭을 확장시켜 준다. 열린 질문은 무엇보다 출제자의 능력이 가장 중요하다. 아이의 다양한 사고를 유발할 수 있는 질문을 만들기 위해 어른들 또한 노력해야 한다.

활동적인 독후 활동이 책의 재미를 높인다

책을 읽은 후에는 꼭 독후 활동을 할 것을 권하고 싶다. 독후 활동에 따라 재미없던 책도 재미있어지고, 내용에 대해 더 깊이 있게 이해하게 되기 때문이다. 저학년 아이들은 대단히 활동적이기 때문에 정적인 독후 활동보다 동적인 독후 활동을 즐거워한다. 특히 미술 표현 활동을 좋아한다. 고전을 읽고 난 후의 느낌을 그림으로 표현하거나, 고전 표지를 새롭게 그리거나, 등장인물을 그리는 등 미술 표현 활동을 적극 활용해 보자. 작품의 느낌을 춤이나 노래로 표현해 보게 하는 것도 좋은 방법이다. 자신을 표현하는 것을 별로 부끄러워하지 않는 시기인 만큼, 이런 활동들이 얼마든지 가능하다.

저학년을 위한 고전 도서 목록

추천 고전 목록을 참조하여 내 아이에게 맞는 책을 선정해 보자. 분량이 적은 책에서 조금씩 많은 책으로 넘어가는 것이 가장 일반적인 방법이지만 『샬롯의 거미줄』, 『엄마 마중』, 『어린이 사자소학』을 제외하고는 분량이나 내용 면에서 아이들이 쉽게 접근할 수 있는 책들이므로 함께 서점에 나가 흥미를 보이는 책을 먼저 읽히는 것도 좋은 방법이다.

『내 이름은 삐삐 롱스타킹』이나 『샬롯의 거미줄』은 저학년에게는 분량이 많은 편에 속하지만 소재 자체가 워낙 아이들 취향이라 대부분 재미있게 읽는다. 특히 이 작품들은 영화나 드라마를 같이 보면서 읽어 가면 아이들이 훨씬 더 재미있게 작품을 읽을 수 있다.

『어린이 사자소학』은 내용 면에 있어서 저학년 아이들이 꼭 알아야 하는 생활 규범들로 가득하다. 어디를 가든지 환영받는 아이로 키우고 싶다면 꼭 한 번 읽혀 보기를 권한다. 특히 이 책에 등장하는 구절 중에 마음에 드는 구절들은 책상에 써놓고 틈날 때마다 암송하길 권장한다.

『틀려도 괜찮아』, 『아낌없이 주는 나무』와 같은 작품은 분량이 적어서 고전읽기 입문용으로 아주 좋다. 분량은 적지만 내용이 심오하기 때문에 반복 읽기나 필사를 하면서 읽으면 좋다. 『내 동생 싸게 팔아요!』는 동생이 있는 아이들이라면 격하게 동감하는 내용으로 누구나 쉽고 재미있게 접근할 수 있는 책이다.

『꿈을 찍는 사진관』은 한국을 대표하는 아동 문학가 강소천의 대표작 3편을 소개하고 있다. 각 작품의 주제가 다른 만큼 한 작품씩 읽힐 것을 권한다. 내용은 짧지만 담고 있는 주제는 상당히 깊은 여운을 남긴다. 각 주제와 관련하여 아이가 생각해 볼 수 있도록 다양한 질문을 해주면 좋다. 책을 다 읽은 후에는 "네가 만약 꿈을 찍는 사진관에서 사진을 찍는다면, 어떤 사진이 찍혔을 것 같니?" "꿈을 찍는 사진기는 어떻게 생겼을까?"와 같은 질문을 던져 직접 그리거나 만들어 보게 하는 독후 활동을 하면 좋다(다음 추천 도서의 서지 정보는 서점에 등록되어 있는 정보를 기준으로 하였으며, 5권의 대표 고전의 서지 정보는 원저를 기준으로 하였다. 예를 들어 『심청전』의 경우, 작자 미상이지만 아래 목록에서는 찾기 쉽도록 추천하는 출판사와 그 책을 풀어 낸 저자명을 표기하였다.).

◆ **초등 저학년 고전읽기 추천작**

책 제목	지은이	출판사	쪽수
『아낌없이 주는 나무』	셸 실버스타인	시공 주니어	52쪽
『책 먹는 여우』	프란치스카 비어만	주니어 김영사	60쪽
『심술쟁이 내 동생 싸게 팔아요!』	다니엘르 시마르	어린이 작가정신	60쪽
『꿈을 찍는 사진관』	강소천	가교	60쪽
『하느님이 우리 옆집에 살고 있네요』	권정생	산하	201쪽
『샬롯의 거미줄』	엘윈 브룩스 화이트	시공주니어	242쪽
『꽃들에게 희망을』	트리나 폴러스	시공주니어	160쪽
『어린이 사자소학』	엄기원 엮음	한국독서지도회	172쪽
『엄마 마중』	겨레아동문학연구회 편저	보리	224쪽
『내 이름은 삐삐 롱스타킹』	아스트리드 린드그렌	시공주니어	200쪽
『심청전』	김예선	한겨레아이들	105쪽
『화요일의 두꺼비』	러셀 에릭슨	사계절	104쪽
『틀려도 괜찮아』	마키타 신지	토토북	32쪽

저학년 아이들의 특성과 읽기 능력, 이해력 등을 바탕으로 선정한 고전 목록

대표 고전 5권으로 배우는
1, 2학년 읽기법

- ◆ 대표 고전, 어떻게 선정하였을까?
- ◆ 『틀려도 괜찮아』
- ◆ 『어린이 사자소학』
- ◆ 『아낌없이 주는 나무』
- ◆ 『샬롯의 거미줄』
- ◆ 『꽃들에게 희망을』

대표 고전,
어떻게 선정하였을까?

　전교생들에게 8년째 고전 100권 읽기 운동을 진행하다 보니 아이들에게 사랑받는 고전과 그렇지 못한 고전이 생겼다. 호불호는 학년, 성별뿐만 아니라 심지어 교사의 성향에 따라 갈리기도 했다. 그럼에도 이 모든 차이를 떠나 만인에게 사랑받는 책들이 있다. 그리고 아이들의 나이에 따라 꼭 읽어야 하는 책들이 있다. 그 책들만을 우선적으로 골랐다. 또한 대중적인 인지도도 무시할 수 없었다. 아이들의 성취감과도 연결되기 때문이다.

　저학년, 중학년, 고학년으로 나누고 학년별로 5권씩 총 15권을 선정하였다. 15권이 적다고 생각할 수도 있지만 그렇지 않다. 고전은 1권을 읽는 데만도 많은 시간이 할애될 뿐 아니라 반복해서 읽어야 하는 책이다. 더욱이 고전읽기 외에도 아이들은 해야 할 일이 너무 많다. 그리고 이 책들만이라도 충분히 읽는 연습을 한다면, 습관화되어 다른 고전을 읽는 데 어려움을 느끼지 않게 될 것이다.

학교 현장에서 이미 검증된 도서들이기 때문에, 가정에서도 무리없이 읽힐 수 있으리라 생각한다. 학년별 읽기 능력을 감안하여 분류를 했지만 전적으로 자녀의 읽기 능력에 맞춰 도서를 선택하면 된다. 만약 아이가 3학년일지라도 읽기 능력이 부족하다고 생각된다면, 저학년 도서 중에서 선택해야 한다. 사실 고전은 추천 학년이 별 의미가 없다. 아이의 흥미와 독서력을 기준으로 선정해도 무방하다.

가장 권하고 싶은 것은 부모가 먼저 추천 고전 도서를 읽어 보는 것이다. '아이들 책을 어른이 왜 읽어?'라고 생각하는 부모가 있다면 아직 고전읽기 준비가 덜 되었다고 말하고 싶다. 고전의 가장 큰 특징은 '어른과 아이가 같이 읽을 수 있는 책'이라는 점이다. 비록 초등학생을 위한 추천 고전이지만 어른이 읽어도 전혀 손색이 없다. 무엇보다 부모가 먼저 읽어야 좀 더 깊이 있고 의미 있는 고전읽기 지도가 가능하다.

읽기법, 어떻게 구성하였을까?

◆ 책 소개
지은이, 책의 가치, 줄거리 소개, 읽는 방법 등을 소개하였다. 책에 대한 배경지식을 쌓고, 독서법에 대한 도움을 얻을 수 있을 것이다.

책 소개에서 가장 주목할 것은 책의 가치다. 아이에게 책의 가치에 대해서 많이 알려 주길 바란다. 이는 아이에게 동기 부여가 되어 준다. 책에 대한 소개 역시 꼼꼼히 읽길 바란다. 책에 대한 기본 지식을 갖고 읽는 것과 그렇지 않은 것은 책을 대하는 태도나 이해력에서 큰 차이를 불러오기 때문이다.

◆ 독서 일지

책마다 맞춤형 독서 일지를 삽입하여, 고전읽기를 돕고자 하였다. 안내 방법에 따라 아이에게 읽혀 보기를 바란다. 작품마다 한 장씩밖에 예시를 만들어 놓지 않았으니, 필요한 만큼 복사해서 사용하길 권한다. 가급적 한 책당 5회 이상은 해볼 것을 권한다. 인문 고전의 경우 많이 작성해 볼수록 깊이 있는 독서가 가능하다.

무엇보다 읽은 내용을 일상생활에 적용해 보도록 마련된 항목에 유의해서 읽혔으면 한다. 고전을 읽고 얻은 감동과 깨달음을 직접 행동으로 옮겨 보는 기회가 되므로 적극 활용하면 좋을 것이다. 이를 거듭할수록 아이가 조금씩 달라져 가는 것을 확인할 수 있을 것이다.

◆ 책 내용 확인하기

고전은 내용도 어렵지만, 글의 형식이나 전개 방식 자체가 아이들에게 대단히 생소하다. 부모는 아이가 고전을 읽고 제대로 이해하고 있는지 점검할 필요가 있다. 이를 돕기 위해 마련한 활동이다.

만약 아이가 질문에 제대로 대답을 하지 못한다면, 다시 한 번 읽히는 것이 좋다. 책을 꼼꼼히 몇 번이나 정독했음에도 불구하고 대답을 잘 못한다면, 책 수준이 아이에게 너무 높은 건 아닌지 살펴볼 필요가 있다. 여기서 소개한 것들은 아주 최소한의 질문들로, 부모(교사)가 아이와 함께 읽으며 적절한 질문들을 추가해 가기를 바란다.

◆ 독후 활동

부모와 교사는 "독후 활동의 질이 책 읽기의 질을 결정한다."라는 말을 꼭 기억해야 한다. 어떤 독후 활동을 해주느냐에 따라 아이들의 책 읽기 효과가 사뭇 달라진다. 재미없고 어렵게 느껴졌던 책도 독후 활동만 잘해 줘도 즐겁고 유익한 책으로 바뀔 수 있다.

6학년 아이들에게 한 해 동안 읽은 고전 중 가장 감동 깊게 읽었던 작품을 조사해 본 적이 있다. 그 결과 의외로 『셰익스피어 4대 비극』이 가장 많은 표를 받았다. 그 이유를 알아보니 이 작품의 독후 활동으로 한 연극 발표회 때문이었다. 네 작품 중 「햄릿」으로 연극을 하였는데, 친구들이 재현해 내는 햄릿을 보면서 즐거운 시간을 보낸 그때의 유쾌했던 기억이 아이들에게 긍정적으로 남아 1위를 차지하게 되었던 것이다. 이것이 바로 독후 활동의 힘이다.

가정에서도 고전을 읽고 다양한 독후 활동을 할 수 있도록, 각 작품에 맞는 독후 활동을 소개해 놓았다. 사실 한 권의 책으로 할 수 있는 독후 활동은 무궁무진하다. 여기서 소개하는 독후 활동은 아주 일부에 불과하다는 것을 기억하고, 가정(학급)에서 새로운 독후 활동을 생각해 내어 실행해 보기를 바란다.

제목	틀려도 괜찮아				
출판사	토토북	**저자**	마키타 신지	**쪽수**	32쪽
저자 소개	1925년 일본 시즈오카현에서 태어났다. 시즈오카 사범학교를 졸업하고, 공립 초등·중학교에서 근무하며 판화 교육, 작문 교육, 탁구 지도에 힘썼다. 현재 일본교육판화협회, 일본작문회에 소속되어 활동하고 있다. 지은 책으로는 『판화로 보는 소년기』, 『생명을 조각한 소년』, 『친구를 돌아보면』, 『모래 폭풍』 등이 있다.				

♠ 이 책의 가치

이 책은 초등 교사라면 누구나 권장하는 책이자, 한국간행물윤리위원회와 아침독서신문에서 선정한 필독 도서이기도 하다. 책 내용이 뮤지컬로도 만들어졌을 만큼 오랜 세월 많은 사랑을 받고 있다. 이 책은 아이들의 눈높이에서 실수해도 되며, 틀리는 게 나쁜 것이 아님을 일깨워 주고 용기를 심어 준다. 자신 있게 손을 드는 시도, 그 자체의 중요함을 알려 준다.

♠ 책 소개

초등학교라는 공간은 아이들에게 어려운 곳이다. 그동안의 유치원 생활과 학교는 또 다르다. 그 안에서 때때로 상처받고 의기소침해질 아이들에게 "틀려도 괜찮아, 교실에선!" "틀린 생각도 자신 있게 말해."와 같은 좋은 말들과 따뜻한 그림으로 용기와 자신감을 심어 준다.

♠ 이렇게 읽으면 좋아요

① 내 경험과 비교해 가며 읽게 한다

마치 아이의 학교생활을 그대로 옮겨 놓은 듯한 책이다. 읽은 뒤 그냥 책장을 덮지 말고 아이와 이야기를 나누는 시간을 가져 보자. 이와 유사한 경험은 없었는지, 발표할 때 어떤 기분이 들었는지 이야기 나누어 본다. 떨리고 두려움이 앞서는 건 당연한 것이라며, 아이의 감정을 인정해 준 뒤 아무 말도 못하는 것보다 틀려도 용기 있게 발표하는 것이 더 멋진 자세임을 알려 준다.

② 책 속의 그림을 유심히 살펴보게 한다

표지만 봐도 그 따뜻함에 절로 미소가 지어지는 책이다. 자상한 선생님과 귀여운 아이들이 책 곳곳에 담겨 있다. 아이에게 가장 마음에 드는 장면을 찾아보게 하자. 그리고 그 장면이 왜 마음에 와닿았는지 생각을 정리해 말해 보게 한다. 아직은 활자보다 이미지가 주는 메시지가 더 큰 시기인 만큼 그림을 자세히 봄으로써 내용을 더욱 오래 기억시킬 수 있다.

③ 노래와 책의 내용을 비교해 보게 한다

〈틀려도 괜찮아, 어때〉(작사 작곡 진성호)라는 국악풍의 노래가 있다. 책의 내용과 비교하면서 들어 보고 불러 보자. 색다른 책 읽기의 재미를 안겨 줄 것이다.

20   년   월   일(～   쪽)

제목 :

TIP 책 제목을 그대로 써도 좋지만, 오늘 읽은 부분의 제목을 새롭게 붙여 보면 더욱 좋습니다.

Q 한 쪽 한 쪽 내용을 잘 생각하며 천천히 소리 내어 읽어 보세요.

Q 가장 재미있었던 장면을 아래 빈칸에 그리고 설명해 보세요.

적용과 실천 주인공처럼 발표할 때 떨린 적이 있나요? 비슷한 경험을 적어 보고, 그때의 내 기분이 어땠는지 그림이나 글로 표현해 보세요. 그리고 앞으로 어떻게 고쳐 나가고 싶은지 적어 보세요.

비슷한 나의 경험

그림이나 글로 표현하기

바뀌어 갈 내 모습과 방법

TIP 꼭 발표한 경험이 아니어도 괜찮습니다. 틀릴까 봐 걱정되어서 떨렸던 경험이면 됩니다. 그림이나 글은 그때 자신의 느낌이 잘 드러나면 됩니다. 잘할 필요는 없습니다. 그리고 무리한 목표를 세우지 않습니다. 할 수 있는 만큼만 작은 목표에서부터 시작합니다.

1 『틀려도 괜찮아』를 읽으며 떠오르는 단어를 써보세요. (마인드맵)

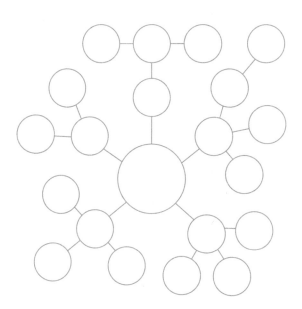

2 평소 시험 문제를 틀렸을 때 어떤 생각이 떠올랐나요? 그리고 이 책을 읽고 난 후에 시험 문제를 틀리거나 잘못 풀었을 때는 어떤 생각이 먼저 떠올랐나요?

_____

_____

_____

_____

TIP 정답은 없습니다. 솔직하게 적을 수 있게 도와주세요.

다음은 〈틀려도 괜찮아, 어때〉라는 국악 동요의 노랫말입니다. 이처럼 책의 내용, 인물의 감정, 나의 생각 등을 노랫말로 표현해 보세요.

자신 있게 말을 해봐. 틀리는 걸 겁내지 마.
손을 높이 번쩍 들고 큰 소리로 말을 해봐.
틀린 답도 괜찮아. 틀리면서 아는 거야.
안 맞아도 괜찮아. 틀리면서 크는 거야.
친구들과 선생님이 고쳐 주면 정답이지.
틀렸다고 기죽지 마. 더듬어도 괜찮아.
틀려도 괜찮아. 교실인데 틀리면 어때 어때.

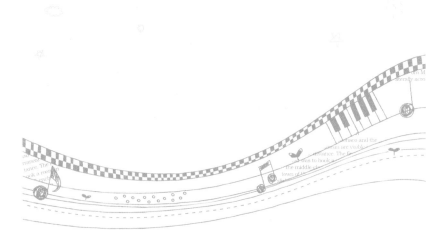

TIP 국악 동요 〈틀려도 괜찮아, 어때〉를 여러 번 듣고 따라 불러 본 후 이 활동을 하면 훨씬 도움이 됩니다.

제목	어린이 사자소학				
출판사	한국독서지도회	**저자**	미상	**쪽수**	172쪽
저자 소개	저자는 안타깝게도 미상이다.				

♠ 이 책의 가치

주희가 지은 『소학』과 기타 여러 경전의 내용 중에서 어린이들이 알기 쉬운 내용만을 선별하여 만든 책으로, 아이들이 가장 먼저 배우는 한자 학습 교과서와 같은 역할을 하였다. 옛날 서당에서 『천자문』, 『동몽선습』과 더불어 필독서로 꼽혔다.

♠ 책 소개

네 글자가 모여 하나의 뜻을 나타내는 사자일구(四字一句) 형식으로 구성되어 있다. 내용은 오륜(伍倫)의 순서대로, 부모님에 대한 효도(효도편), 형제 간의 우애(형제편), 스승 섬기기(사제편), 친구 간의 우정(붕우편), 대인 관계, 올바른 마음가짐을 일러 주는 기본적인 행동철학(수신편)이 담겨 있다. 아이들에게 종합적인 도덕 교육과 인성 교육을 시킬 수 있는 내용이 담겨 있다.

♠ 이렇게 읽으면 좋아요

① 하루에 두 장 정도씩 읽도록 한다

두 장이라고 해도 분량이 얼마 되지 않아 술술 읽힌다. 빨리 읽기
보다 아이가 천천히 마음에 새기면서 읽을 수 있도록 지도해야 한다.

② 한자를 같이 살펴보게 한다

사자일구 형식으로 되어 있어서 한자를 비교적 쉽게 익힐 수 있는
장점이 있다. 하지만 한문이 원문이어서 아무리 자연스럽게 풀이해
놓았다고 하더라도 아이들에게 어색할 수 있다. 처음부터 욕심 부려
한자와 같이 읽도록 하기보다 풀이에 어느 정도 익숙해졌을 때, 한자
도 같이 살펴보도록 하자. 한자 공부를 하고 있는 아이라면 음과 뜻
풀이에 익숙해서 큰 어려움 없이 진행할 수 있을 것이다.

③ 도덕성, 인성 교육에 집중하여 읽힌다

『사자소학』은 아이에게 인성 교육과 가정 교육을 시키기 가장 좋
은 책이다. 따라서 그러한 내용들에 주목하여 읽도록 하며, 이와 관
련하여 아이와 생각을 나누어 보도록 하자. 이때 평소 아이의 행동이
나 습관, 실제 있었던 사례를 가지고 이야기를 나누면 더욱 좋다. 부

모와 아이가 서로 마음에 들었던 구절에 대해 이야기를 나누어도 좋다. 정말 마음에 드는 글귀는 아이에게 직접 적어 책상 등에 붙여 놓고 매일 읽을 수 있도록 권해 보자. 그 글귀에 자극받아 조금씩 달라지려고 노력할 것이다.

④ 필사하면서 읽게 한다

책을 통째로 필사시키기는 버겁겠지만 가슴에 와닿는 구절들은 부분 필사라도 시키는 것이 좋다. 뚜렷한 기억보다 흐릿한 메모가 더 오랫동안 남는 법이다.

20   년   월   일(~   쪽)

제목 : _____
> **TIP** 책 제목을 그대로 써도 좋지만, 오늘 읽은 부분의 제목을 새롭게 붙여 보면 더욱 좋습니다.

Q 오늘 내가 가장 염두에 두어 읽은 단어는 무엇인가요?

_____

_____

_____

_____

_____

> **TIP** 그 단어가 읽고 있는 편의 주제어일 수도 있고 아이의 현재 관심사일 수도 있습니다. 만약 그 편의 주제어와 다른 단어에 집중하여 읽었다면, 다음 날은 새로운 편으로 넘어가지 말고 같은 부분을 주제어에 유의하여 읽 도록 해도 좋습니다.

Q 가장 마음에 와닿는 구절을 한자와 함께 아래에 정성껏 써보세요.

한자

_____

뜻

_____

_____

_____

Q 왜 이 구절을 골랐는지 자기의 경험과 관련하여 써보세요.

TIP 마음에 드는 구절이 여러 개일 경우, 추가 종이를 붙여 써넣어도 좋습니다.

적용과 실천 오늘 읽은 내용을 앞으로 어떻게 실천할 수 있을까요?

누구(무엇)에게

무엇을

어떻게

TIP 여러 개일 경우, 추가 종이를 붙여 써넣아도 좋습니다.

실천 평가와 소감 읽은 내용을 바탕으로 실천한 게 있나요? 어떤 행동인지 적어보고 점수를 준 후 소감을 적어 보세요.

나의 실천 점수는?   **소감 한마디**

☆ ☆ ☆ ☆ ☆

TIP 실천했다면 그 느낌이 어땠는지를 중심으로 이야기를 나누고, 실천하지 못했다면 왜 못했는지에 대해 나누어 보세요.

1 『어린이 사자소학』에 보면 "비록 음식이 거칠더라도 부모님이 주시면 반드시 먹어야 한다."라는 말이 나옵니다. 여러분은 이 말에 대해 어떻게 생각하나요? 평소 자신의 식습관을 돌이켜 보며 자신의 생각을 적어 보세요.

_____

_____

_____

_____

_____

2 『어린이 사자소학』에 보면 삼강오륜(三綱五倫)이 나옵니다. 삼강과 오륜은 무엇인지 책에서 찾아 다음과 같이 쓰세요.

삼강 - ① 부위자강(父爲子綱) : 아들은 아버지를 섬기는 것이 근본이다.

② _____

③ _____

오륜 - ① _____

② _____

③ _____

④ _____

⑤ _____

책을 읽고 문제를 만들어 부모님이나 주변 친구들에게 문제를 내보세요. 내가 낸 문제가 어땠는지 의견을 물어보고, 다음에 문제를 낼 때는 이를 참고해 보도록 하세요.

문제	정답

독서 퀴즈에 대한 친구의 의견 :

독서 퀴즈에 대한 부모님 의견 :

TIP 퀴즈를 내려면 일단 내용을 정확히 이해해야 합니다. 따라서 집중력 있는 읽기를 가능하게 해줍니다. 퀴즈를 낼 때 시험에 나올 만한 문제를 내는 것이 중요합니다. 너무 지엽적인 문제를 퀴즈로 내지 않도록 합니다.

제목	아낌없이 주는 나무				
출판사	시공주니어	저자	셀 실버스타인	쪽수	52쪽
저자 소개	시인이자, 아동 문학가, 만화가, 연주가, 작곡가 등 다양한 분야에서 활동했다. 이러한 재능을 기반으로 시적인 글과 아름다운 그림으로 전 세계 어린이들뿐 아니라 어른들까지 매료시켰다. 풍부한 해학과 번뜩이는 기지가 엿보이는 많은 작품을 발표하였는데, 『아낌없이 주는 나무』는 그의 대표작이다.				

♠ 이 책의 가치

1964년에 출간된 이래로 지금까지 꾸준한 사랑을 받고 있다. 한 그루의 사과나무가 한 소년에게 베푸는 무조건적인 사랑은 읽는 이의 가슴을 뭉클하게 만든다. 나만 생각하는 것이 아니라 주변의 소중한 사람들을 위해 나를 희생하고 베풀 줄 아는 아름다운 마음을 한 그루의 나무를 통해 느끼게 해주는 소중한 책이다.

♠ 책 소개

옛날에 사과나무 한 그루가 있었다. 소년은 나무를 무척이나 사랑했다. 나무는 그런 소년을 행복하게 해주기 위해 소년이 청년이 되고 노인이 될 때까지 열매, 줄기, 가지 등 자신이 가진 것을 아낌없이 내준다. 결국 자신은 그루터기밖에 남지 않지만 소년에게 베푸는 사랑으로 나무는 기쁨을 느낀다.

♠ 이렇게 읽으면 좋아요

① 그림을 꼼꼼하게 살펴보게 한다

글이 상당히 짧은 편이다. 페이지 수도 얼마 안 되어 술술 읽고 덮을 수도 있다. 이 책은 시적인 글도 장점이지만, 글에서 표현하지 못한 것을 대신 보여 주는 그림도 또 하나의 장점이다. 글과 함께 그림을 꼼꼼하게 살펴 그림이 들려주는 이야기에 귀 기울이게 하자. 감동이 배가 될 것이다.

② 나무의 입장에서, 소년의 입장에서 읽게 한다

소년의 입장과 나무의 입장에서 글을 다시 읽어 보게 하자. 소년은 나무에게 많은 것을 받아서 행복했을까? 나무는 소년에게 선물을 줄 때마다 어떤 기분이었을까? 각각의 입장에서 글을 읽음으로써 보다 깊이 있는 책 읽기가 가능해진다.

③ 아이의 주변 상황과 연결시켜서 생각해 보게 한다

책을 다 읽었다면, 아이에게도 나무와 같은 인물이 있다고 생각되는지 물어보자. 그리고 나무와 같은 사람이 되고 싶은지, 되고 싶다면 어떻게 해야 할지 물어보자.

④ 모르는 단어에는 동그라미를, 감동적인 부분에는 밑줄을 치면서 읽게 한다

모르는 단어에 동그라미를 치고 감동적인 부분에 밑줄 그어 가면서 읽으면 정독 효과가 매우 높다. 모르는 단어는 부모가 가르쳐 주고, 밑줄 친 부분은 왜 감동적이었는지 이유를 물어보자.

20   년   월   일(~   쪽)

제목 :
🆃🅸🅿 책 제목을 그대로 써도 좋지만, 오늘 읽은 부분의 제목을 새롭게 붙여 보면 더욱 좋습니다.

Q 노래를 부르듯이 리듬을 살려 소리 내어 읽어 보세요.
🆃🅸🅿 시적인 리듬감이 느껴지는 글입니다. 그 리듬을 살려 읽는다면 더욱 재미있게 책을 읽을 수 있을 겁니다.

Q 책 내용 중 가장 인상적인 장면을 아래 빈칸에 그려 넣고, 어떤 장면인지 설명을 적어 보세요.

누군가의 사과나무가 되어 보세요. 누구에게, 어떻게 해주고 싶은가
요? 그림으로 표현해도 좋아요.

누구의 사과나무가 되어 주고 싶은가요?

예) 엄마에게 사과나무가 되어 드리고 싶다.

어떻게 해주고 싶은가요?

예) 엄마가 피곤해할 때 설거지를 대신 해드리고 싶다.

1 소년은 어린 시절 나무와 무엇을 하며 놀았나요?

나뭇잎으로

나뭇가지에

사과를

나무와

2 나무는 소년에게 많은 것을 주었어요. 나무가 준 것은 무엇이며, 그것으로 소년은 무엇을 했나요?

사과	⇨	(	)
( )	⇨	(	)
( )	⇨	(	)

3 나무는 소년에게 자신의 모든 것을 주고도 행복해했습니다. 평소 자신을 위해 이렇게 많은 것을 해주고 행복해하는 사람은 누구인가요? 그 사람에게 감사의 마음을 편지에 담아 전해 보세요.

께

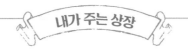

이야기의 내용을 잘 읽고 등장인물의 마음, 성격, 행동을 칭찬하는 상장을 만들어 보세요. 등장인물에게 주는 상장의 형식과 제목, 내용을 나만의 개성을 살려 새롭게 만들어 준다면 더욱 좋아할 거예요.

칭찬하고 싶은 인물, 칭찬 내용

상 장

(　　　　)상 　　　　　　　　　　　 이름:

년　　월　　일

초등학교 □□□□□□

제목	샬롯의 거미줄				
출판사	시공주니어	**저자**	엘윈 브룩스 화이트	**쪽수**	242쪽
저자 소개	미국의 동화 작가로, 《뉴요커》 잡지에서 편집자와 저자로 오랫동안 활동하였다. 이후 시골로 이사가 농장 생활을 시작하면서 동물들을 주인공을 한 작품을 많이 썼다. 『샬롯의 거미줄』은 그의 대표작 중 한 권으로, 뉴베리상을 수상했다.				

♠ 이 책의 가치

어린이책의 고전이라 꼽히고 있는 책이다. 가스 윌리엄즈가 그린 부드러운 연필화가 진한 감동을 더해 준다. 이 책은 1952년 출간된 이후 전 세계적으로 4,500만 부 이상 판매되었고, 학부모, 교사, 아이들이 선택한 좋은 책으로 선정되기도 했다. 하찮아 보이지만 영리한 회색 거미 샬롯과 감성이 풍부한 돼지 윌버가 서로의 삶을 구원해 주는 이야기는 타인을 이해하는 마음, 우정과 생명의 소중함 등 삶에서 중요한 가치가 무엇인지를 진지하게 전한다.

♠ 책 소개

함께 태어난 형제보다 작다는 이유로 죽임을 당할 뻔한 꼬마 돼지 윌버는 농장 주인의 딸에게 구해진다. 이후 다른 농장으로 보내진 월

버는 '외로움'이 세상에서 제일 큰 고통임을 깨닫는다. 그때 상냥한 거미 샬롯이 나타나 친구가 되어 준다. 그런데 늙은 양으로부터 겨울이 되면 윌버가 베이컨이나 햄이 된다는 소리를 듣게 된다. 윌버를 살리기 위해 고심을 하던 샬롯이 거미줄로 글자를 쓰기 시작한다. 그 글자로 본 이후로 윌버는 달라지기 시작한다. 샬롯과 윌버가 서로를 위해 도와주고 나누며 서로의 삶을 승격시켜 주는 훈훈한 이야기다.

♠ 이렇게 읽으면 좋아요

① 샬롯과 윌버의 말하는 방식에 집중하여 읽게 한다

샬롯과 윌버는 말 한 마디, 한 마디를 아주 신중하게 생각하고 상대방을 배려하여 긍정적으로 말하고자 노력한다. 이 말들을 주의 깊게 읽음으로써, 그렇게 말하는 자세를 저절로 배울 수 있다.

② 동물들의 성격과 그와 닮은 친구가 있는지 생각해 보게 한다

대가가 주어지지 않으면 친구를 돕지 않는 쥐 템플턴처럼 저마다 개성을 가진 동물들이 등장한다. 그 동물들과 닮은 인물이 주변에 있는지 생각해 보게 하면 더욱 생생하게 읽을 수 있다. 그리고 샬롯 같은 친구가 있는지, 누군가에게 샬롯과 같은 친구가 되어 주고 싶은지도 물어보자.

③ 친구란 무엇인가에 대해 생각해 보게 한다

이 책을 읽다 보면 진정한 친구란 무엇인지 생각하게 된다. 아이에게 좋은 친구란 어떤 친구인지 물어보고, 어떻게 해야 할지를 생각해 보게 한다.

④ 영화와 함께 본다

2007년에 개봉한 〈샬롯의 거미줄〉이라는 영화가 있다. 책 내용에 충실하게 만들어져 책을 이해하는 데 많은 도움을 받을 수 있다. 주의할 점은 반드시 책을 먼저 읽은 후에 영화를 보는 것이 좋다. 깊이 있는 책 읽기가 가능해진다.

20　　년　　월　　일(　　～　　쪽)

제목 :

TIP 책 제목을 그대로 써도 좋지만, 오늘 읽은 부분의 제목을 새롭게 붙여 보면 더욱 좋습니다.

Q 내가 제일 좋아하는 친구는 누구인가요? 이유는 무엇인가요?

Q 이야기에 나오는 인물들이 하는 말에 주의하면서 읽으세요.

Q 오늘 읽은 부분에서 너무나도 사랑스러웠던 말이나 표현에 대해 적어 보세요. 누구의 말이었는지도 적어 보세요.

_____의 말

_____의 말

등장인물들처럼 내 친구들과 가족들에게도 따뜻하고 자상한 말을 해
봅시다. 누구에게 어떤 말을 했나요? 그 말을 들은 상대의 반응은 어
땠나요? 나의 기분은 어땠는지 적어 보세요.

언제, 누구에게, 무슨 말을 했나요?

상대의 반응은 어땠나요?

나의 기분은 어땠나요?

1 이 책을 읽고 나서 돼지와 거미에 대한 생각이나 느낌이 어떻게 달라졌나요? 돼지와 거미에 대한 생각이나 느낌의 변화를 써보세요.

돼지 :　　　　　　　　⇨

거미 :　　　　　　　　⇨

2 다음의 내용 중 본문의 내용과 같으면 ○를, 다르면 ×를 표시하세요.

윌버는 한 배 새끼 중에 막내로 태어나서 몸이 약했다.　　　　　　(　　)

거미줄의 첫 번째 글씨는 '대단한 돼지' 다.　　　　　　　　　　(　　)

샬롯이 거미줄에 짜넣을 글자를 구해 준 동물은 쥐다.　　　　　　(　　)

윌버는 농축산물 품평회에 가기 전에 우유로 목욕을 했다.　　　　(　　)

윌버는 품평회에서 1등상을 차지했다.　　　　　　　　　　　　(　　)

샬롯과 윌버는 행복하게 오래오래 살았다.　　　　　　　　　　(　　)

3 여러분에게 샬롯과 같은 친구는 누구인가요? 또한 그 친구가 샬롯과 같다고 생각한 까닭은 무엇인가요? 그 친구를 생각하며 아래 물음을 작성해 보고, 거미줄도 완성해서 그려 보세요.

친구 이름 :

까닭 :

줄거리 간추리기

제목 :   지은이 :

1. 일이 일어난 차례대로 사건을 간단하게 표현해 보세요.
2. 각 사건을 연결하여 줄거리를 간추려 보세요.

이야기 이어 그리기

줄거리 간추리기

TIP 이야기 이어 그리기는 이야기에서 중요한 것과 중요하지 않은 사건을 구분할 줄 알게 하는 데 많은 도움을 줍니다.

제목	꽃들에게 희망을				
출판사	시공주니어	저자	트리나 폴러스	쪽수	160쪽
저자 소개	아동 문학가이자 시민운동가다. 국제여성운동단체에서 회원으로 활동하고 있을 뿐만 아니라, 자신의 조각품을 판매해 그 수익금을 기부했다. 소규모 환경 센터에서 황제나비와 식량, 소망을 키우고 있다.				

♠ 이 책의 가치

1972년 처음 출간된 뒤로 30년이 넘는 동안 스페인, 네덜란드, 독일, 포르투갈, 일본 등 전 세계적으로 300만 부 이상 판매되었다. 애벌레가 나비가 되어 가는 모습을 빌어 험난하고 힘든 세상에 살아가는 우리의 모습을 그려 내고 있다. 그리하여 우리에게 삶의 의미와 꿈과 희망의 메시지를 전달해 준다.

♠ 책 소개

살벌한 현실을 벗어나 자신의 참자아를 발견해 가는 나비의 이야기이지만, 우리 인생사를 나비에 빗댄 철학적인 이야기다. 참자아를 발견하는 길은 아주 고통스럽지만, 이것을 이겨 내게 해주는 힘은 사랑과 희망임을 일깨워 준다.

♠ 이렇게 읽으면 좋아요

① 삽화만 먼저 보게 한다

책 속 삽화가 굉장히 아름답다. 책을 읽기 전에 먼저 삽화만을 살펴보며 내용을 예상해 보게 하는 것도 좋은 방법이다. 책에 대한 흥미가 생길 뿐 아니라 상상력을 펼칠 수 있다.

② 세 번 이상 반복해서 읽힌다

쪽수는 얼마 안 되지만 담고 있는 내용이 대단히 심오하다. 대사 하나하나가 명언처럼 느껴질 정도로 많은 생각을 하게 만든다. 따라서 아이에게 적어도 세 번 이상 반복해서 음미하며 읽게 하는 게 좋다. 읽을 때마다 다른 감동을 받을 것이다.

③ 애벌레의 행동을 통해 동기 부여를 시켜라

아이에게 주인공 애벌레의 행동과 자신을 비교해 보게 하자. 무엇이 다른지, 무엇을 본받아야 할지 물어보자. 이를 통해 자신의 행동을 돌아보고 자극받아 개선하려고 노력하게 될 것이다.

④ 애벌레가 주인공인 또 다른 책을 같이 읽게 한다

이 책에 등장하는 등장인물들은 애벌레들이다. 어른들은 징그럽다고 생각하지만 아이들은 애벌레를 매우 좋아한다. 애벌레들이 주인공으로 등장하는 책 중에서 맥스 루케이도의 『너는 최고의 작품이란다』는 아이에게 자존감과 자신감을 심어 주기 좋은 책이다. 이 책도 함께 같이 읽게 한다.

20   년   월   일(~   쪽)

제목 :

> **TIP** 책 제목을 그대로 써도 좋지만, 오늘 읽은 장의 제목을 새롭게 붙여 보면 더욱 좋습니다.

Q 호랑 애벌레가 잎을 먹다가 문득 의문이 든 것처럼, 항상 해오던 일에 의문이 든 적이 있나요? 요즘 어떤 생각을 가장 많이 하나요?

Q 한 번에 한 장씩 세 번 정도 반복해서 읽으세요. 어떤 장면에서 가장 감동을 받고, 많은 생각을 하였나요? 그 장면에 대한 문장을 쓰고, 그림을 그려 보세요. 보고 어떤 생각이 들었는지도 써보세요.

생각하게 하는 문장

장면을 보고 든 생각

감명 깊게 읽은 부분과 느낀 점을 한 문장으로 요약해 보세요. 그리고 그 부분에 대해 주변 사람들에게 말해 보세요. 어떤 반응을 보였나요?

한 문장으로 요약하기

누구에게 어떤 내용을 설명했나요? 반응은 어땠나요?

1 알에서 깨어난 애벌레가 처음으로 한 말은 무엇인가요? 알에서 깨어난 애벌레는 어떤 기분이었을지 상상하여 써보세요.

2 갓 태어난 호랑 애벌레는 배가 고파 잎을 먹었어요. 먹는 일에 열중하던 호랑 애벌레는 문득 어떤 물음을 가지게 되나요?

3 여행을 떠나게 된 호랑 애벌레는 수많은 애벌레로 이루어진 기둥을 발견해요. 호랑 애벌레가 기둥을 올라간 까닭과 다시 내려온 까닭은 각각 무엇인가요?

기둥을 올라간 까닭 :

다시 내려온 까닭 :

4 애벌레는 멋진 나비가 되어 '꽃들에게 희망을 주는' 존재가 되었어요. 나는 누구에게, 어떤 희망을 주는 존재로 자라고 싶은지 써보세요.

노랑 애벌레와 늙은 애벌레의 대화입니다. 괄호 안에 알맞은 낱말이나 문장을 책 속에서 찾아 써보세요.

노랑 애벌레 : 저, (   )가 뭐죠?

늙은 애벌레 : (   )는 아름다운 날개로 날아다니면서, 땅과 하늘을 연결시켜 주지.

　　　　　　　(　　　　　　　　　)는 꽃에서 꿀만 빨아 마시고 이 꽃에서 저 꽃으로

　　　　　　　(　　　　　　)을 날라다 준단다.

　　　　　　　(　　　　)가 없으면, (　　　　　　　　　　　　　　　　　　　)

노랑 애벌레 : 어떻게 하면 나비가 되죠?

늙은 애벌레 : (　　　　　　　　　　　　　　　　　　　)

　　　　　　　하나의 애벌레로 사는 것을 기꺼이 포기할 만큼 간절하게.

노랑 애벌레 : 죽어야 한다는 뜻인가요?

늙은 애벌레 : 그렇기도 하고, 아니기도 하지. (　　　　　　)은 죽은 듯이 보여도,

　　　　　　　(　　　　　)은 여전히 살아 있단다. 삶의 모습은 바뀌지만, 목숨이 없어지는 것은 아니야.

위 대화를 통해 저자는 무슨 말을 전하고자 하는 걸까요?

_____

_____

_____

_____

_____

TIP 책에서 중요한 부분의 내용을 발췌한 것입니다. 이렇게 적어 보면서 세세하게 다시 읽는 효과가 있습니다.

중학년부터는 호흡이 긴 책을 읽어 낼 수 있어야 한다. 그래야 이해력과 집중력뿐만 아니라 사고력과 어휘력도 좋아진다. 또한 중학년 때의 이 과정을 잘 거쳐야 고학년 때 어른 수준의 고전책들을 읽을 수 있는 발판을 마련할 수 있다. 고학년 때 확연히 벌어지는 독서 능력의 차이는 중학년 때 결정된다고 해도 과언이 아니다.

3장

본격적으로 시작하는
3, 4학년 고전읽기

3, 4학년,
아이의 독서 인생이 결정된다

아이들 간에 독서 능력의 차이는 매우 크다. 학년이 올라갈수록 그 차이가 더욱 심해져 고학년이 되면 상당히 벌어진다. 독서 능력이 우수한 아이는 고등학생 수준의 독서 능력을 가지고 있는 반면에 아직 저학년 수준의 독서 능력에서 벗어나지 못한 아이들도 있다. 이런 아이들은 좀 두꺼운 책은 쳐다보려고 하지도 않는다. 이 아이들에게 있어서 100쪽은 심리적 마지노선이다. 그렇다 보니 200쪽이 넘어가는 호흡이 긴 책을 읽는다는 것은 불가능에 가깝다. 하지만 중학년부터는 호흡이 긴 책을 읽어 낼 수 있어야 한다. 그래야 이해력과 집중력뿐만 아니라 사고력과 어휘력이 좋아진다. 또한 중학년 때의 이 과정을 잘 거쳐야 고학년 때 어른 수준의 고전책들을 읽을 수 있는 발판을 마련할 수 있다. 고학년 때 확연히 벌어지는 독서 능력의 차이는 중학년 때 결정된다고 해도 과언이 아니다.

중학년이 되면 자기 주관이 뚜렷해지면서 그동안 부모의 말에 순응하던 아이들이 반항을 하기 시작한다. 책을 선택할 때도 자신의 독서 취향을 적극 반영하고자 한다.

통계에 의하면 중학년 시기에 책을 좋아하는 아이들은 평생 책을 좋아할 확률이 매우 높다고 한다. 물론 반대인 경우도 마찬가지다. 그만큼 중학년 시기는 독서의 결정적 시기라 할 수 있다. 이렇게 중요한 시기에 고전읽기를 한다는 것은 상당한 의미가 있다고 할 수 있다. 아이가 중학년이 되면 이제 본격적으로 고전읽기에 돌입해야 한다. 아이가 고전을 읽을 준비가 되었는지 쉽게 알 수 있는 방법이 있다. 바로 교과서다. 국어 교과서를 읽은 후 아이가 내용을 정확히 이해하여 요약하고 기억할 수 있는지를 확인한다. 그 정도가 80% 이상이면 큰 무리 없이 고전을 읽을 수 있다.

이 시기 아이들은 새로운 일에 급속히 빠져든다. 특히 만화책에 대한 관심이 절정을 이룬다. 무조건 읽지 못하게 하는 것보다는 적절히 허용하는 것이 좋다. 예를 들어 고전을 한 권 읽을 때마다 만화책을 다섯 권 읽을 수 있게 하는 식으로 유연하게 대처해 아이들의 관심을 자연스럽게 고전으로 유도한다.

아이의 어휘력과
배움 의욕에 주목하라

이 시기의 아이들은 몸의 활동 욕구도 최고치에 이르지만 지적 욕구도 초등학교 시절 중에서 가장 왕성하다. 실제로 어휘력이 가장 폭발적으로 향상된다. 따라서 이때는 책을 많이 읽을 수 있는 학년이자 책을 많이 읽혀야 하는 학년이기도 하다. 명작 소설 전집류 등을 구입하고자 한다면 중학년 때 구입하는 것이 가장 바람직하다고 할 수 있다.

교실 풍경으로 보는 중학년의 특징

아이들마다 성장 속도가 다르다. 상당히 성숙한 아이들은 어른처럼 느껴질 정도다. 하지만 많은 아이가 아직 유치도 빠지지 않아 수업 시간에 이를 뽑고 있다. 이를 혼내면 아주 간 큰 교사가 된다. 성스러운 성인식을 치렀다고 치켜세워 주어야 한다.

중학년이 되면 이전까지만 해도 나와서 춤을 추라고 하면 스스럼 없이 추던 아이들이 타인을 의식하며 빼기 시작한다. 발표를 하라고 해도 서로 눈치만 본다. 글씨를 공들이지 않고 빨리 흘려 쓰는 아이들이 늘어나는 것도 이때다.

사춘기가 빠른 아이들은 이 시기에 시작할 정도로, 성에 대해 인식하기 시작하는 것도 중학년이다. 그래서인지 사사건건 남자와 여자로 편 가르기를 한다. 남자와 여자가 손이라도 한 번 잡는 날에는 을사조약이 체결된 날보다 더욱 수치스럽게 여긴다. 속으로는 이성에 대한 호기심이 넘치면서 말이다. 겉과 속이 다른 최고봉 학년이라고 할 수 있다.

그리고 이때는 남자아이들의 서열 짓기가 시작되어 자기들 나름대로 보이지 않는 서열이 생긴다. 전문 용어로 '먹이 쪼는 순서'가 정해지는 것이다. 여자아이들 역시 서로 그룹을 형성하기 시작하며, 선생님 앞에서의 모습과 친구들 사이에서 모습이 판이하게 다르다.

또한 새로운 지식에 대한 호기심이 높아지는 반면 좋아하고 싫어하는 것 역시 극명해지면서, 배움의 즐거움을 선택하는 아이와 놀이의 즐거움을 선택하는 아이로 나누어지기 시작한다.

어휘력의 사춘기가 시작된다

공부를 할 때 필수적인 요소가 바로 어휘력이다. 어휘력이 낮은 아이는 절대 공부를 잘할 수 없다. 아이들이 시험에서 틀리는 이유를 가만히 잘 살펴보면 대부분 문제 속의 어휘를 몰라서 틀리는 경우가 허다하다. 뿐만 아니라 어휘력이 낮으면 교사의 설명을 못 알아듣는다. 당연히 교과 내용이 이해가 되지 않고 수업에 대한 흥미가 생기지 않는다. 수업에 흥미를 잃은 아이는 수업 시간 내내 딴청을 피우거나 다른 친구들을 충동질하는 수업의 방해꾼으로 전락하곤 한다. 이런 일련의 과정이 어휘력 빈곤에서 벌어지는 일들이다.

어휘력이 공부에만 영향을 끼치는 것은 아니다. 어휘력이 낮으면 일상적인 대화에도 끼기 힘들다.

"어휘의 한계가 세계의 한계"라는 말을 기억할 필요가 있다. 어휘력이 비슷한 사람끼리 친구 관계가 형성되며 커서는 어휘력이 비슷한 사람과 결혼한다는 연구 결과가 있다. 이뿐만 아니라 어휘력과 연봉은 상관관계가 매우 깊다는 연구 결과도 있다.

이처럼 중요한 어휘력이 초등학교 때 결정된다는 데 문제가 있다. 다음은 일본의 교육 심리학자인 사카모토 이치로의 '어휘량 발달표'다.

다음 표에 의하면 초등학교 입학 전 연령인 7세(만 6세)까지의 어휘력 증가 속도는 1년에 500단어 남짓으로 완만하게 증가한다. 하지만

연령	어휘력
7	6,770
8	7,971
9	10,276
10	13,878
11	19,326
12	25,668
13	31,240
14	36,229

연령별 어휘력

연령별 연평균 증가하는 어휘량

초등학교 입학 무렵부터는 매우 가파른 상승 곡선을 긋는다. 특히 중학년에 해당하는 만 10세 전후에는 1년에 5,000단어 이상이 증가하는 것으로 나타난다. 어휘가 폭발적으로 늘어나는 것이다. 사춘기에 키가 폭풍 성장하는 것에 비유하면 중학년은 어휘력의 사춘기라 할 만하다. 그리고 이 시기 어휘력을 제대로 습득하지 못하면 평생 어휘력 빈곤자로 살아갈 수밖에 없다. 물론 초등 이후에도 어휘력이 향상된다. 하지만 그 증가세가 현저히 낮아지는 데다 개인의 노력과 수고가 상당히 필요해 한계가 있다.

폭발적인 어휘력 증가 시기를 효과적으로 활용하는 방법에는 무엇이 있을까? 어휘력 습득 방법에는 크게 말하기와 책 읽기가 있다. 하지만 말하기를 통한 어휘력의 향상은 한계가 있다. 유아 시기에는 일상적인 대화를 통해서도 자연스럽게 어휘력이 증가하지만 점점 나이를 먹어 가면 일상적인 대화를 통해서는 어휘력이 자극되지 않는다. 토론이나 토의와 같은 수준 높은 말하기를 할 때 어휘력이 자극받는데, 이런 기회를 자주 갖기는 힘들다. 결국 현실적으로 어휘력을 높일 수 있는 유일한 방법이 있다면 바로 책 읽기다.

3, 4학년에겐
영웅이 필요하다

중학년 아이들은 그야말로 에너지가 넘친다. 용감무쌍한 주인공이나 심술쟁이, 제멋대로인 장난꾸러기 주인공이 등장하는 책을 좋아한다. 고전 도서를 선정하고자 할 때 이러한 특성을 감안하여 새빨간 머리에 주근깨투성이 소년의 일상과 진실을 유쾌하게 그린『홍당무』와 같은 책을 권하면 대단히 좋아할 것이다.

텔레비전 프로그램이나 영화, 책 속의 인물을 영웅시하고 따라 하는 것도 이때의 아이들이다. 슈퍼맨 흉내를 내며 망토를 뒤집어쓰고 높은 곳에서 뛰어내리는 아이는 십중팔구 이 시기 아이들이라고 할 수 있다. 이처럼 주변에서 인생의 롤 모델을 찾아가는 시기이자 합리적인 사고기로 접어들면서 현실에 바탕을 둔 사람 이야기를(실제 인물과 관련된 이야기를) 좋아해 전기에 빠져든다. 따라서 아이가 평소 좋아하거나 교훈을 줄 수 있는 위인의 전기를 권하면 긍정적 효과를 볼 수 있다. 위인의 전기를 읽으며 아이는 자신도 모르게 위인의 사고와 꿈을 따르게 된다.

우리가 흔히 위인전이라고 부르는 전기는 장르상 문학에 속한다. 전기는 초등학생들에게 아주 중요한 문학 장르다. 인생의 롤 모델을 발견할 수 있을 뿐만 다양한 인간상과 사회에 대한 이해를 돕기 때문이다. 위인전을 너무 어릴 때부터 읽히는 것보다는 점점 자아 정체성과 인생의 가치관이 형성되기 시작하는 중학년 정도부터 접근하는 것이 바람직하다.

전기를 읽힐 때는 우리나라 위인을 먼저 읽히는 것이 좋다. 아직 스키마가 덜 형성되어 외국 위인의 이야기보다 국내 위인의 이야기가 더욱 효과적이다. 또한 인물을 너무 신격화하거나 천재적인 재능을 강조한 전기보다 어렸을 때는 평범했지만 어른이 되어 훌륭한 인물이 되었음을 보여 주는 전기를 읽히는 것이 좋다. 예를 들면 『백범일지』에서 김구는 자신을 결코 미화하지 않는다. 어렸을 때 아버지의 성한 숟가락을 분질러 엿을 바꿔 먹었다가 아버지에게 혼이 난 일까지 세세히 소개하고 있다. 이런 이야기를 읽으면서 아이들은 카타르시스를 느낀다. '이렇게 위대한 분도 이런 실수(잘못)를 하면서 컸구나.' 하면서 자신감을 얻고 자신도 커서 훌륭한 사람이 될 수 있다는 희망을 가진다.

다음은 전기의 인물이 아이에게 미치는 영향을 잘 보여 주고 있다.

✎ 며칠 전 4월 고전책인 『백범일지』를 다 읽었다. 처음 겉표지를 보았을 때는 정말 재미없어 보였다. 그러나 읽어 보니 정말 눈물이 나올 것만 같은 부분들이 많았다.

사실 나는 백범 김구 선생님에 대해 잘 몰랐었다. 이 책을 읽고 나서야 대한 독립을 위해 많은 일을 하신 분이라는 것을 알게 되었다. 또한 우리나라를 위해 눈물도 많이 흘리셨다. 생각해 보면, 나는 우리나라를 위해 눈물은커녕 걱정도 안 했던 것 같다.

또한 이 책을 읽고 새로운 사실을 알게 되었다. 나는 백범의 뜻이 하얀 호랑이라는 뜻의 멋진 이름일 줄 알았다. 그런데 알고 보니 지극히 평범하다는 뜻의 겸손한 이름이었다. 이 사실을 알고 깜짝 놀랐다. 김구 선생님은 훌륭하신 분이라 멋진 호를 갖고 있을 줄 알았는데 아니었기 때문이다. 김구 선생님의 겸손함을 배워야 할 것 같다.

이 책을 통해 나는 백범 김구 선생님을 존경하게 되었다. 나도 백범 김구 선생님처럼 우리나라를 위해 많은 노력을 할 것이다.

또한 전기를 읽으면 인물이 살았던 시대에 대한 많은 역사적 사실을 알게 된다. 예를 들어 『백범일지』를 읽은 아이는 그동안 막연하게만 느꼈던 일제 강점기 시절의 상황에 대해 간접 경험을 하게 된다. 이는 사회 공부에도 긍정적인 영향을 미친다. 아이들이 역사를 힘들어하는 것은 낯설기 때문이다. 하지만 전기를 통해 역사를 간접 경험 함으로써 역사를 보다 생생하게 이해하고 받아들일 수 있다.

뿐만 아니라 전기를 읽다 보면 특정 분야에 대한 관심이 생긴다. 예를 들어 찰스 다윈의 전기를 읽으면 과학 분야에 호기심이 생기며, 마틴 루터 킹의 전기를 읽으면 인권 문제에 대한 관심이 생긴다. 이 처럼 전기를 읽는 것은 한 인물의 삶만이 아니라 그 사람이 몸 바쳤 던 분야를 함께 접하는 효과가 있다.

전기 문학, 이렇게 읽혀라

소설과 전기의 가장 큰 공통점은 주인공이 있다는 것이다. 다만 소 설의 주인공은 가상 인물이고, 전기는 실존 인물이라는 차이점이 있 다. 현실에 존재하지 않는다는 것을 이미 알고 있는 소설 주인공보다 는 실존 인물인 전기의 주인공이 독자인 아이들에게 미치는 영향력 이 훨씬 강하다.

특히 대부분의 위인은 어려움을 참고 이겨 내거나 다른 사람을 위 해 희생한 사람들이다. 아이들이 이런 위인의 삶을 조금 더 긍정적으 로 받아들일 수 있도록 주인공과 관련된 독후 활동을 하면 좋다. '주 인공 칭찬하기', '주인공에게 편지 쓰기', '주인공에게 상장 주기', '주인공에게 주고 싶은 선물 상상하기', '주인공과의 가상 인터뷰',

'주인공과 만나서 하고 싶은 일 적어 보기'와 같은 독후 활동을 통해 위인에 대해 더 깊이 이해할 수 있다.

◆ 역사 속에서 인물을 읽게 하라

한 사람의 일대기를 담고 있는 전기의 특성상 역사적 사실이 바탕이 되어 있다. 그래서 전기를 읽으면 인물의 삶에 대해 알게 됨과 동시에 그 시대의 삶의 모습, 당시 사람들의 사고방식, 역사적 관계 등에 대해 알게 된다. 하지만 이때 주의할 점은 위대한 인물이 겪은 사건이라 하여 맹목적으로 받아들이는 태도는 바람직하지 못하다. 엄밀히 말해 모든 사건은 해석만 존재할 따름이다. 따라서 위인이 겪은 사건, 행동, 말 등에 대해서 나는 어떻게 생각하는지 생각하고 말해 보게 하는 것이 중요하다. 그래야 깊이 있는 깨달음이 가능해지고 비판적인 사고가 발달할 수 있다.

나는 전기 고전을 읽힐 때는 독후 활동으로 다음과 같이 '나의 생각'을 작성하게 한다. 전기 문학 속에 등장하는 여러 가지 사건에 대해 자신의 생각을 적어 보게 하는 것이다. 가정(학교)에서 진행할 때는 역사적인 부분을 강조하여 내용을 추가하거나, 책 내용을 바탕으로 질문 사항을 만들어 넣어도 좋다.

인물의 일생에 대한 간단한 소개	
시대적 배경, 성장 과정, 인물의 성격 등을 중심으로 쓴다.	
기억에 남는 이야기	**나의 생각**
①	①
②	②
③	③

나의 생각을 담는 독후 활동표

다음은 위의 독후 활동표를 바탕으로 한 아이가 『백범일지』를 읽고 작성한 글이다.

인물의 일생에 대한 간단한 소개
1876년에 황해도 해주에서 태어난 김구는 1895년 명성황후가 시해되자 1896년에 일본군 중위를 죽이고 체포되었다. 1898년 탈옥해서 스님으로 지냈고 1910년 신민회에 들어가 활동하다가 체포되었다. 1915년 가출옥으로 풀려난 그는 1919년 삼일운동이 일어나자 중국 상하이에서 임시 정부의 경무 국장으로 일했다. 그 뒤에도 다양한 독립 운동에 참여했고, 신탁 통치 반대 운동도 벌였다. 1949년 74세에 육군 소위 안두희에게 암살당했다.

기억에 남는 이야기	나의 생각
① 백범 김구가 치하포에서 왜놈 장교를 죽이고, 죽음을 무릅쓰면서까지 일본인들에게 "이놈들, 왜 우리 국모를 살해했느냐?"라고 호통 친 장면	① 김구 선생님은 참 용감한 것 같다. 죽음을 무릅쓰고 정말 대단한 것 같다. 나라면 무서워서 못했을 텐데 말이다. 정말 우리나라를 위해서라면 무슨 일이든 하는 모습이 존경스럽다.
② 백범 김구가 내무총장인 안창호 선생님에게 임시 정부의 문지기를 시켜 달라고 청하는 장면	② 김구 선생님은 정말 겸손한 것 같다. 고작 문지기를 시켜 달라고 하다니 말이다. 김구 선생님은 나라를 위한 일이라면 어떤 일이든 물불 안 가리고 뛰어든 것 같다.
③ 백범 김구가 감옥에 갇혀 정말 심한 고문을 당하는 와중에도, 일본 경찰이 자기네 나라를 위해 밤 새워 자신을 고문하는 모습을 보고 부끄러워하며 눈물을 흘리는 장면	③ 만약 내가 김구 선생님이었다면 남의 나라를 삼키기 위해 밤을 새워 일하며 자신을 고문하는 그 경찰을 보면서 미움으로 가득 찼을 것 같다. 그런데 김구 선생님은 자신의 모습을 반성하면서 눈물을 흘리다니 참 대단한 것 같다.

독서 활동표 예시

3, 4학년, 무슨 고전을
어떻게 읽혀야 할까?

　　지적 욕구가 폭발적으로 늘어나는 시기인 만큼, 도서관이나 서점을 자주 방문하여 그 욕구를 해소시켜 주면 대단히 좋다. 1주일에 한 번 혹은 2주일에 한 번 정도 집에서 가까운 도서관이나 서점을 방문하자. 이때 아이가 좋아하지만 평소 못 먹게 했던 간식을 사주는 등 아이가 도서관 가기를 손꼽아 기다리게 만들어 줄 보상을 마련해 두면 더욱 좋다. 도서관에서 아이가 읽고 싶은 고전을 발견했다면, 아이와 서점 가는 날 그 책을 구입해서 읽도록 한다.

친구를 활용하라

이 시기 아이들은 함께 어울리는 또래 집단을 굉장히 중요하게 생각한다. 때문에 혼자 하기보다 같이할 때 더욱 재미있어하고 어려운 일도 척척 해낸다. 부모가 같이 해준다면 가장 좋겠지만 이것이 무리라면, 마음에 맞는 친구 서너 명을 모아 일주일에 한 번씩 고전을 읽는 시간을 갖는 것도 좋은 방법이다. 이 경우, 무슨 고전을 언제까지 읽을 것인지 목표를 확실히 정해야 좋다. 문학 고전과 비문학 고전을 번갈아 가며 선정하고, 책은 미리 읽고 와서 독후 활동 위주로 모임을 진행하는 것이 가장 효율적이다. 만약 아이들이 이를 부담스러워한다면 다 같이 모여 책을 읽고 서로의 생각이나 느낌을 주고받는 방법도 괜찮다. 모임 시간은 1시간 이내가 적당하며, 어른 한 명이 도우미 역할을 해줄 필요가 있다.

결과물을 시각화하라

중학년이 되었다면 북카드를 만들어 무슨 고전을 읽었는지 흔적을 남겨 주자. 인정 욕구가 강해지는 만큼 결과물을 시각화하여 성취감을 느끼게 해줄수록 고전읽기가 즐거워지고 의욕이 높아질 것이다.

북카드를 너무 거창하게 생각할 필요는 없다. 다음 예시처럼 간략하게 책 정보를 담으면 된다. 이렇게 하면 아이가 읽은 고전을 효율적으로 관리할 수 있다. 이를 클리어 파일 등에 끼워 보관하면 아이의 멋진 독서 이력이 된다.

고전은 아이의 마음을 성장시켜 준다. 북카드를 통해 아이의 마음 성장도 엿볼 수 있을 것이다.

책 기본 정보	책 제목	
	지은이	
	출판사	
	읽은 기간	
등장 인물 묘사		각 인물에 대해 2~3문장
줄거리 / 주요 사건		10문장 내외
가장 기억에 남는 장면		5문장 내외
책 전체 내용에 대한 나의 생각과 느낌		5문장 내외

북카드 예시

독서 감상문을 적극 활용하라

3학년 때부터는 독서 감상문을 적극적으로 활용하는 것이 좋다. 왜냐하면 현행 국어 교육 과정상 3학년부터 독서 감상문의 특성을 이해하고 다양한 독서 감상문을 읽고 비교해 보는 활동이 등장하기 때문이다. 이때 자칫 주객이 전도되기도 하니 유의해야 한다. 가끔 아이들 중에 독서 감상문이 쓰기 싫어서 독서를 안 하는 일이 벌어지곤 하는 것이다. 책을 잘 읽기 위해 독서 감상문을 쓰는 것이지, 독서 감상문을 쓰기 위해 책을 읽는 것이 아님을 주지시켜야 한다.

독서 감상문을 부담스러워하는 아이가 많으므로, 가급적 간단하고 다양한 방법을 마련하면 좋다. 읽은 책을 전부 쓰게 하는 것보다 일주일 동안 읽은 책 중 마음에 드는 한 권을 골라 작성하게 하는 것도 좋은 방법이다. 독서 일기도 좋은 방법이 될 수 있다. 일주일에 한 번 정도, 일기를 쓸 때 자신이 읽은 책에 대한 느낌과 소감을 써보게한다. 일기 역시 어차피 해야 하는 숙제이므로, 숙제도 하고 독서 감상문도 쓸 수 있으니 일석이조다. 다음은 6학년 어떤 여자아이가 쓴 독서 일기다.

✎제목 : 변변치 못한 일생은 살지 말자

며칠 전부터 『안네의 일기』를 읽고 있는데 특별히 감동이 느껴지는 구절이 있다.

"만약 하나님의 가호로 살아남는 일이 허락된다면 나는 엄마보다 더 훌륭한 삶을 살아 보이겠습니다. 변변치 못한 인간으로 일생을 마치지는 않겠습니다. 꼭 세상을 위해, 인류를 위해 일하겠습니다. 그러기 위해서는 우선은 용기가 필요하고, 명랑하게 생활해야 한다고 생각합니다."

언제 죽을지 모르는 상황에서 살아남을 수만 있다면 변변치 못한 인생을 살지 않겠다고 결심하는 안네의 모습을 보며 내 삶을 돌아보았다. 작은 일에도 화를 내는 내 자신이 좀 한심해 보였다. 앞으로 이렇게 살면 안 되겠다. (후략…)

호흡이 긴 고전을 읽는 훈련을 시켜라

그동안 짧은 이야기책 위주로 읽혔다면 중학년부터는 단편집 내지는 중편 명작을 읽히는 것이 좋다. 중학년의 경우 『황순원 단편집』과 같은 단편선은 말할 것도 없거니와 『키다리 아저씨』, 『홍당무』처럼 300쪽에 가까운 책들도 잘 읽는다. 이런 중·장편 책들을 읽는 훈련을 하면, 고학년이 되었을 때 『오만과 편견』, 『비밀의 화원』 같은 500쪽 내외의 호흡이 긴 책들도 충분히 읽을 수 있다.

시를 권하라

요즘에는 어린 나이임에도 불구하고 감성이 메마른 아이들을 쉽게 볼 수 있다. 남의 감정을 전혀 헤아릴 줄 모를 뿐만 아니라 슬픈 광경을 보아도 슬픔을 느끼지 못하는 아이가 많다. 이런 아이들은 대부분 친구들과의 관계도 원만하지 못하다.

아이들에게 수학 공식 하나, 영어 단어 하나 더 가르치는 것보다 중요한 것이 바로 감성 교육이다. 그리고 아이들의 감성을 발달시키는 가장 좋은 매개체가 바로 시다. 『논어』에서 공자는 "시를 통해 순수한 감성을 불러일으키고, 예의를 통해 도리에 맞게 살아갈 수 있게 되며, 음악을 통해 인격을 완성한다."라고 했다.

열 살이 넘어가면서 아이들의 감성은 점점 어른과 비슷해진다. 사랑, 기쁨, 슬픔, 분노, 시기, 후회 등의 감정의 갈래도 저학년 때보다 훨씬 다양하고 깊어진다. 이런 아이들의 특성을 감안해서 이 시기 시를 접하게 해주면 아이들의 감성은 더욱 풍성해질 수 있다. 시는 문학 장르 중에서 감성을 발달시키는 효과가 뛰어나다. 오죽하면 '시 치유사'라는 전문 직업까지 있겠는가? 시 치유사는 시 낭송이나 시 쓰기를 통해 상처받은 영혼에 정신적 위안과 평온함을 주고 생기를 불어넣어 주는 일을 하는 사람을 일컫는다. 이것이 가능한 이유는 시는 약이나 의사가 건드리지 못하는 내면 깊숙한 곳의 감정에까지 접근할 수 있기 때문이다. 이것이 우리 아이들이 시를 읽어야 하는 이유이기도 하다. 시에 익숙해지면 중·고등학교에 들어가 본격적으로 시를 배우고 공부할 때에도 많은 도움이 된다.

◆ 시를 선정하는 법

아이에게 시를 읽히고자 할 때는, 운율감이 잘 드러나 있는 시, 슬픔보다는 기쁨을 노래하는 시, 자연을 노래한 서정적인 시를 선정하여 암송시키면 어휘력이 몰라보게 좋아지는 것을 확인할 수 있을 것이다. 또한 먼저 동시에서 시작하여 그 후 시, 시조 순으로 읽히는 것이 좋다. 동시는 아이들을 위한 시인 만큼 저학년 아이들도 충분히 읽고 감상할 수 있으며, 시는 중학년 정도면 어려움 없이 읽을 수 있다. 시를 읽힐 때는 공부하듯이 시의 주제, 특징 등을 알려 주기보다 자연스럽게 접하고 느낄 수 있도록 해주는 것이 무엇보다 중요하다. 시에 대한 감상에는 정답이 없음을 꼭 명심하자. 고학년 정도 되면 시조를 읽힐 것을 권한다. 시조는 주로 충절, 효와 같은 가치를 다루는 내용이 많아, 고학년 때 읽히면 아주 좋다. 운율이 매우 강하기 때문에 암송하기에도 좋다.

　다음은 동시, 시, 시조를 잘 엮어 놓은 시집을 소개한 것이다. 아이에게 시를 읽히고자 한다면 참조해 볼 것을 권한다.

책 제목	지은이	출판사	쪽수	장르
『우리 마음의 동시』	김승규 편저	아테나	160쪽	동시
『국어 교과서에 수록된 3, 4학년이 꼭 읽어야 할 교과서 동시』	권오삼 외 편저	효리원	160쪽	동시
『한국인이 가장 좋아하는 명시 100선』	김소월 외	민예원	176쪽	시
『솔솔 재미가 나는 우리 옛시조』	김원석 편저	파랑새어린이	199쪽	시조

초등 아이에게 권하는 시

♦ 시는 써보고 외우는 것이 가장 좋은 읽기법이다

시를 가장 잘 읽는 방법은 시를 직접 써보는 것이다. 시를 쓰기 위해서는 세심한 관찰력과 풍부한 감수성, 상상력이 있어야 한다. 또한 시는 세상에서 가장 농축되고 절제된 언어로 이루어진 문학이기 때문에, 시를 썼다면 글을 다듬을 수 있어야 한다.

이때 부모는 옆에서 아이가 기발한 표현을 사용하거나 새로운 시각에서 접근해 볼 수 있도록 적극 격려하고 칭찬해 주어야 한다. 부모가 "자전거가 지나갈 때의 바람 세기와 트럭이 지나갈 때의 바람 세기는 어떻게 다른 것 같아? 자전거는 약풍, 트럭은 강풍 같지 않아?" 하면서 아이가 자신의 느낌과 생각을 있는 그대로 자유롭고 창의적으로 표현할 수 있도록 돕는다.

이렇게 시를 쓰다 보면, 다른 사람이 쓴 시를 보다 잘 감상하게 된다. 만약 별도의 활동으로 시 쓰기를 진행하기가 어렵다면, 독후 활동으로 시 쓰기를 활용해 보자. 책을 읽고 그 느낌을 시로 써보게 하는 것이다. 의외로 많은 아이가 좋아한다.

시를 제대로 읽는 또 하나의 방법은 반복해서 읽는 것이다. 그리고 그보다 더 좋은 것은 시를 암기하는 것이다. 시를 암기하다 보면, 비유력과 표현력이 좋아진다. 또한 똑같이 별이 떠 있는 밤하늘을 봐도 윤동주의 〈별 헤는 밤〉이라는 시를 알고 있는 아이와 그렇지 않은 아이가 바라보는 밤하늘은 전혀 다른 느낌일 것이다.

우리 학교에서는 〈돌담에 속삭이는 햇발같이〉, 〈향수〉, 〈서시〉 등학년별로 암송해야 할 시가 정해져 있다. 이 시들은 교내에서 실시하는 고전 인증 시험에 나오기 때문에 꼭 외워야만 한다. 혹자는 강제적이라며 손가락질할지도 모르겠다. 하지만 독일이나 프랑스 같은 많은 선진국에서는 오래전부터 필수 암송시를 지정해서 외우게 하고 있다. 오히려 우리는 시를 너무 적게 접하고 안 외우는 것이 문제다.

중학생이 되면 입시 전쟁이 시작되기 때문에 시는 느끼는 존재가 아니라 공부의 대상이 되어 버린다. 초등학교 때 강제로라도 시를 읽고 외우는 시간을 가지게 하는 것도 나쁘지 않다고 생각한다.

중학년을 위한 고전 도서 목록

다음에 소개하는 추천 고전 목록 중에서 아이에게 맞는 도서를 선정하여 읽혀 보자.

『명심보감』, 『소학』은 자세하게 읽는 법을 소개하고 있으니, 이 책으로 먼저 시작하는 것도 좋겠다. 하지만 인문 고전은 아이들이 가장 낯설어하는 만큼, 고전 문학을 먼저 읽혀 고전에 대한 거부감을 없애 준 후에 이 분야의 책으로 넘어가는 것이 바람직하다.

『소나기』의 경우, 분량이 얼마 안 되는 데다 소년과 소녀의 풋풋한 설렘과 두근거림이 잘 묘사되어 있어 아이들이 금방 빠져들고 좋아한다. 이 책은 인물의 행동 묘사를 통해 내면 심리를 드러내고 있으므로, 소년과 소녀의 행동 묘사에 집중하여 읽을 수 있도록 도와주자. 또한 개울가, 소나기와 같은 물이 전개의 매개가 되므로 이것이 앞으로의 전개에 어떤 영향을 미치는지를 파악해 가며 읽히는 것도 좋다. 무엇보다 시적이고 감성적인 글과 완결성이 돋보이는 작품인 만큼, 가슴으로 온전히 느낄 수 있도록 도와주는 것이 제일 중요하다.

『키다리 아저씨』는 중학년 아이들이 읽기에 크게 부담이 없는 작품이다. 워낙 유명한 작품이고 영화로도 나와 있기 때문에 영화와 같이 읽어 간다면 재미있게 읽을 수 있다. 읽어 가면서 나에게 있어서 키다리 아저씨 같은 존재는 누구일까? 혹은 나는 누구의 키다리 아저씨가 될 것인가? 와 같은 질문에 대해 생각하면서 읽으면 좋다.

『장발장』, 『15소년 표류기』는 분량이 많은 편에 속하지만 워낙 스토리가 탄탄하다 보니 아이들이 빠져들면서 읽는 작품이다. 특히 반전이 있고 모험적인 요소가 많이 가미되어 있어 남자아이들이 더욱 흥미를 가지고 읽는다.

◆ 초등 중학년 고전읽기 추천작

책 제목	지은이	출판사	쪽수
『키다리 아저씨』	진 웹스터	인디고(글담)	272쪽
『명심보감』	추적 엮음	홍익출판사	343쪽
『장발장』	빅토르 위고	효리원	224쪽
『별』	알퐁스 도데	인디북	271쪽

『옹고집전』	박철	창비	116쪽
『안중근』	조정래	문학동네어린이	166쪽
『갈매기의 꿈』	리처드 바크	현문미디어	119쪽
『소나기』	황순원	맑은소리	144쪽
『소학』	주희, 유청지 엮음	홍익출판사	430쪽
『박지원 단편집』	이영호	계림(계림북스)	142쪽
『홍길동전』	김준섭	깊은책속옹달샘	168쪽
『한국인이 가장 좋아하는 명시 100선』	김소월 외	민예원	176쪽
『15소년 표류기』	쥘 베른	삼성출판사	255쪽

중학년 아이들의 특성과 읽기 능력, 이해력 등을 바탕으로 선정한 고전 목록이다.

3-2

대표 고전 5권으로 배우는
3, 4학년 읽기법

- ◆ 3, 4학년 고전읽기, 이것에 주의하라
- ◆ 『명심보감』
- ◆ 『소학』
- ◆ 『15소년 표류기』
- ◆ 『갈매기의 꿈』
- ◆ 『소나기』

3, 4학년 고전읽기,
이것에 주의하라

중학년 아이들과 고전읽기를 할 때 몇 가지 주의점이 있다. 먼저 중학년이 되면 아이들이 묵독에 익숙해지고 어휘력이 폭발적으로 늘어나기 때문에 책 읽는 속도가 굉장히 빨라진다. 부모나 교사의 책 읽기 속도를 앞지를 수도 있다. 하지만 너무 빨리 읽는 버릇이 들면 나중에 고치기 힘들다. 따라서 정독을 할 수 있도록 부모가 계속 주의를 기울여야 한다. 특히 인문 고전은 빨리 읽는 것보다 음독을 통해 정독할 때 그 의미를 제대로 이해하고 받아들일 수 있다.

또한 아이가 중학년이 되면 부모의 기대치가 같이 높아져 문제가 생기곤 한다. 아이에게 수준 높은 독서를 요구하게 되는 것이다. 짧은 그림책이나 이야기책을 읽고 있는 아이에게 "네가 애니? 이런 책을 읽게." 하며 질책하는 부모가 많아진다. 아마도 지금 뜨끔 하는 분이 많을 것이다. 책의 형식이나 두께를 가지고 책을 판단해서는 안된다. 그림책이라고 해서, 페이지가 얼마 안 된다고 해서 쉬운 책은 아니다. 그림책이지만 저학년이 봐서는 쉽게 이해할 수 없는 책들도 많다. 어느 정도 지적 능력과 이해 수준이 바탕이 되어야만 이해할수 있을 정도로 심오한 내용을 담고 있는 경우도 종종 있다. 따라서 책의 외견만 보고 아이가 읽고 있는 책을 질책해서는 안 된다. 이는 아이의 독서를 방해하는 결과를 낳는다.

제목	명심보감				
출판사	홍익출판사	저자	추적 엮음	쪽수	343쪽
저자 소개	고려 말 학자로 예문관제학이라는 고위직까지 올랐던 사람이지만 매우 강직하고 소박했다고 전한다. 중국 명나라 때 범립본이 엮은 원본 『명심보감』을 추적이 진수를 추려 엮어 초략본을 만들었다. 우리나라에서는 이 초략본이 널리 유포되어 한때는 이것이 원본으로 간주되기도 했다.				

♠ 이 책의 가치

몇 백 년이 넘도록 우리 민족의 정신적 가치관 형성에 일익을 담당하였다. 옛날 서당에서 『천자문』, 『사자소학』을 뗀 아이들에게 사람이 살아가면서 기본적으로 지켜야 할 덕목들을 가르쳐 주던 책이다. 명심보감(明心寶鑑)은 한자 그대로 '마음을 밝혀 주는 보배로운 거울'이라는 뜻이다. 예로부터 수신서(마음과 행실을 바르게 닦아 수양하는 일에 관한 책)로 읽히며 인생의 길잡이 역할을 해왔고, 시대를 초월하여 가정 교육을 위한 첫 번째 권장 도서로 손꼽혀 왔다. 서양의 『탈무드』, 중국의 『채근담』과 견주어 전혀 손색없는 지혜서이자, 남녀노소 누구나 삶의 양분으로 삼을 만한 내용이 풍부하게 수록되어 있다.

♠ 책 소개

고려 때 어린이들의 학습을 위하여 중국 고전에 나온 선현들의 말들을 모아 놓은 책이다. 공자, 맹자, 장자, 사마온공 등의 금언(金言)과 명구(名句)가 수록되어 있다. 한 권을 통해 많은 고전과 선현들의 문장을 접할 수 있다는 장점이 있다. 사람은 누구나 태어나면서부터 부모와 자식, 형과 아우, 남편과 아내, 이에 더 나아가 친구와 친구, 스승과 제자, 윗사람과 아랫사람 등 수많은 관계를 맺게 된다. 이 책은 마음을 순화시키고 삶의 지혜를 일깨워 줘 자신의 양심과 분수를 지키며 올바른 관계를 맺을 수 있도록 도와준다.

♠ 이렇게 읽으면 좋아요

① 하루에 한 편씩 읽힌다

총 25편으로 구성되어 있다. 한 편당 적은 편은 2장(여기서 장이란 쪽수가 아닌 문구 수를 말한다.), 많은 편은 40장이 넘는 글로 구성되어 있다. 평균적으로 1편당 장이 별로 안 돼 아이가 부담 없이 읽을 수 있지만, 많은 장은 몇 차례 나누어서 천천히 의미를 곱씹으며 읽을 수 있도록 한다.

② 주제를 떠올리며 읽힌다

"착하게 살아라(계선繼善)." "하늘을 두려워하라(천명天命)."처럼 한 편당 하나의 주제를 가지고 있다. 이 주제를 명심하며 읽게 한다. 낯선 용어로 풀어져 있지만 주제를 알면 이해가 보다 쉽고, 더 잘 받아들이게 된다.

③ 누가 한 말인지를 체크해 보게 한다

이 책은 선현들의 말을 모아 놓은 만큼, 다양한 인물들이 등장한다. 한 편이 끝날 때마다 그 편에 등장하는 인물들에 대한 소개가 실려 있다. 그 말을 한 사람이 어떤 사람인지 알수록 글을 통해 와닿는 느낌이 달라질 수 있다. 인물 소개를 먼저 읽어도 좋다.

예를 들면 계선편에 "착한 일은 아무리 작더라도 반드시 하고 나쁜 일은 아무리 작더라도 결코 하면 안된다."라는 구절은 한나라 소열 황제가 죽음을 앞두고 아들에게 한 말로 기록되어 있다. 이때 소열 황제의 인물 소개를 읽어 보면 구절에 대해 좀 더 깊이 이해할 수 있을 뿐 아니라 역사적인 배경지식도 늘어난다.

④ 마음에 와닿는 구절은 필사한다

이 책에는 정말 주옥같은 구절이 많이 등장한다. 그 구절들에 밑줄을 치고 필사 공책에 정성스럽게 써보면서 가슴에 새기면 평생 등불과 같은 글귀를 얻을 수 있을 것이다.

20   년   월   일(~   쪽)

제목 :

TIP 책 제목을 그대로 써도 좋지만, 오늘 읽은 부분의 제목을 새롭게 붙여 보면 더욱 좋습니다.

Q 오늘 내가 주의를 기울이며 읽은 단어는 무엇인가요?

TIP 그 단어가 읽고 있는 편의 주제어일 수도 있고 아이의 현재 관심사일 수도 있습니다. 만약 그 편의 주제어와 다른 단어에 집중하여 읽었다면, 다음 날은 새로운 편으로 넘어가지 말고 같은 부분을 주제어에 유의하여 읽도록 합니다.

Q 가장 마음에 와닿은 구절을 정성껏 써보세요.

Q 왜 위의 구절을 골랐는지 자기의 경험과 관련하여 써보세요.

TIP 마음에 드는 구절이 여러 개일 경우, 추가 종이를 붙여 써놓아도 좋습니다.

적용과 실천 오늘 읽은 내용을 앞으로 어떻게 실천할 수 있을까요?

누구(무엇)에게

무엇을

어떻게

실천 평가와 소감 읽은 내용을 행동으로 옮겨 본 적이 있나요? 어떤 행동인지 적어 보고, 점수를 준 후 소감을 적어 보세요.

나의 실천 점수는?　　　　　　　**실천한 행동과 소감 한마디**

☆ ☆ ☆ ☆ ☆

TIP 실천했다면 그 느낌이 어땠는지를 중심으로 이야기를 나누고, 실천하지 못했다면 왜 못했는지에 대해 나누어 보세요.

1 『명심보감』 18편에 "다른 사람을 이롭게 하는 말은 솜옷처럼 따스하고, 다른 사람을 다치게 하는 말은 가시처럼 날카롭다."라는 말이 나와요. 이 말에 대한 생각을 적어 보세요.

2 『명심보감』을 읽으면서 가장 마음을 울린 글귀를 3가지만 적어 보세요.
예) "술 먹고 밥 먹을 때는 형 아우 하던 친구가 천 명이더니, 다급하고 어려울 때는 도와줄 친구 하나 없네."(19편 중에서)

3 『명심보감』에서 읽은 내용 중 미래의 내 아이에게 꼭 해주고 싶은 말이 있다면 적어 보고, 그 이유를 말해 보세요.

내 아이에게 전해 주고 싶은 구절

구절을 선택한 이유

TIP 여러 개일 경우, 추가 종이를 붙여 써놓아도 좋습니다.

이 책에서 실천하고 싶은 내용을 나만의 멋진 글귀로 바꾸어 실천 카드에 정리해 보세요. 그리고 갖고 다니며 행동으로 옮겨 보세요.

실천 1

실천 2

실천 3

실천 4

실천 5

TIP 실천 카드는 가능하면 코팅해서 자신의 책상에 붙이거나 지갑에 넣어 가지고 다니면서 수시로 읽으면 좋습니다.

제목	소학			
출판사	홍익출판사	**저자**	주희, 유청지 엮음	**쪽수** 430쪽
저자 소개	주희 - 남송의 사상가로 리(理)와 기(氣)를 통해 성리학을 집대성하였으며, 이후 중국 철학에 지대한 영향을 미쳤다. 교육과 사회적 실천에도 많은 관심을 기울였다. 유청지 - 지형주, 원주지부 등의 관직을 역임하였지만 주희를 만난 후부터는 성리학 연구에 치중하였으며, 특히 아동 교육서 발간에 관심이 많았다.			

♠ 이 책의 가치

『소학』은 성현들의 가르침을 집약한 초심자를 위한 수양 입문서로, 보다 완전하며 도덕적인 인간이 되기 위해 아이들이 갖춰야 할 기본적인 마음과 태도를 말하고 있다. 주자(주희의 존칭)가 제자인 유청지에게 아이들을 학습시킬 수 있는 내용을 가진 서적을 편집하게 한후, 교열 가필한 책이다. 『소학』이라고 해서 결코 만만히 볼 책은 아니다. 조선시대 영조 대왕은 이 책을 100번 이상 읽으면서 성군의 길을 걸었으며, 정여창이라는 성리학자는 30년 동안 이 책을 읽으면서 심신을 다스렸을 만큼 고전 중의 고전이라 할 수 있다. 조선시대에 충효사상을 중심으로 한 유교 윤리관을 알리는 데 크게 기여하였다.

♠ 책 소개

송나라 때 주자가 아이들에게 유학의 기본을 가르치기 위해 『예기』, 『논어』, 『맹자』 같은 책에서 아이들이 읽으면 도움이 될 만한 내용들을 발췌하고 교열· 가필하여 만든 책으로, 조선시대 교육 기관의 필수 교재로 널리 애용되었다. 이 책은 크게 내편(內篇)과 외편(外篇)으로 나누어진다. 내편은 입교(立敎), 명륜(明倫), 경신(敬身), 계고(稽古)의 네 편으로, 교육의 과정과 목표, 자세, 오륜, 학문하는 사람의 몸가짐과 마음가짐, 몸과 마음을 다스리는 법, 본받을 만한 성현의 사적 기록 등이 소개되어 있다. 즉 도덕 규범과 인간이 지켜야 할 기본자세 등이 정리되어 있다. 외편은 가언(嘉言), 선행(善行)의 두 편으로, 옛 성현들의 교훈, 선인들의 선행 등을 소개하여 올바른 행동과 기본 도리를 알려 주고 있다. 즉 조선시대의 대표 수신서로, 우리의 마음을 닦고 행실을 바르게 하는 내용이 집약되어 있다.

♠ 이렇게 읽으면 좋아요

① 틈틈이 명상하듯 읽게 한다

한 번에 많이 읽으려고 하지 말아야 한다. 하루에 한 장도 많다. 한 구절 한 구절 가슴에 새기면서 읽는 것이 좋다. 구절이 딱딱 떨어지는 짧은 글로 되어 있으므로, 항상 지니고 다니며 시간이 날 때마다 읽게 한다. 이때 문장의 뜻을 생각하며 읽을 수 있어야 한다. 아이가 제대로 이해하지 않은 채, 글자만 읽고 넘어갈 수 있으므로 먼저 한 장을 읽힌 후 느낀 점과 생각을 물어 잘 이해하고 있는지 확인한다.

충분히 이해하고 있다면 틈날 때마다 한 장씩 읽게 하자. 만약 잘 이해를 못한다면 반복해서 읽게 하는 것이 좋다.

② 섣불리 그 뜻을 설명해 주면 안 된다

한 장의 호흡이 긴 편이다. 이미 『사자소학』이나 『명심보감』을 읽어 이러한 서술 방식에 익숙한 아이일지라도 어려움을 느낄 수 있다. 부모가 먼저 아이에게 그 내용에 대해 설명해 주기보다 아이가 충분히 문장을 이해하고 해석할 수 있는 시간을 주는 것이 좋다. 어느 정도 스스로 이해했을 때, 그 이해를 돕는 선에서 설명을 부연해 주도록 한다.

③ 책 속의 내용을 직접 실천해 보게 한다

『소학』에는 실천 방법이 많이 소개되어 있다. 이를 일상생활 속에서 어떻게 적용할 수 있는지 생각해 보게 하고, 이를 직접 행동으로 옮겨 보게 하자. 수신서를 읽고 이해하는 것에서 더 나아가 직접 활용해 보는 기회가 될 것이다.

20   년   월   일(~   쪽)

제목 :

TIP 책 제목을 그대로 써도 좋지만, 오늘 읽은 부분의 제목을 새롭게 붙여 보면 더욱 좋습니다.

Q 오늘 읽은 부분에서 그 뜻이 궁금하거나 모르는 단어가 있었나요? 무엇이었나요?

_____

_____

_____

Q 오늘 읽은 내용 중 오늘날의 생활 모습과 가장 많이 다르다고 느낀 부분을 찾아 적어 보세요.

_____

_____

_____

Q 오늘 읽은 내용 중 가장 가슴에 남는 구절이나 이야기가 있었나요? 그 구절을 자기의 생각과 함께 옮겨 적어 보세요.

_____

_____

_____

적용과 실천 오늘 읽은 내용을 앞으로 어떻게 실천할 수 있을까요?

누구(무엇)에게

무엇을

어떻게

TIP 여러 개일 경우, 추가 종이를 붙여 써놓아도 좋습니다.

실천 평가와 소감 책에서 배운 내용을 행동으로 옮겼을 때, 주변 사람의 반응은 어땠나요?

내 실천을 본 사람	그 사람의 소감 한마디

TIP 실천했다면 그 느낌이 어땠는지를 중심으로 이야기를 나누고, 실천하지 못했다면 왜 못했는지에 대해 나누어 보세요.

1 『소학』 2편에 "부모가 부르면 밥도 뱉고 간다."라는 말이 나옵니다. 이 말의 뜻을 적고, 이를 평소 생활에서 어떻게 적용할 수 있는지 적어 보세요.

2 『소학』은 크게 6편 즉, '교육의 길', '인간의 길', '수양의 길', '고대의 도', '아름다운 말', '착한 행동'으로 이루어져 있어요. 이 중에서 자신에게 가장 많은 도움이 되었거나 깨달음을 주었던 편은 무엇인가요? 이유도 함께 적어 보세요.

3 『소학』을 읽으면서, 가장 기억에 남는 구절을 선택하여 적어 보세요. 그리고 친구들 가운데, 이를 가장 잘 실천할 것 같은 친구를 찾아 그 이유와 함께 적어 보세요.

구절

가장 잘 실천할 것 같은 친구와 그 이유

『소학』을 읽다 보면 수많은 이야기가 나옵니다. 가장 인상 깊고 재미있었던 이야기를 하나 골라 재미있는 만화를 만들어 보세요. 말 주머니도 넣어 보세요.

TIP 읽은 내용을 바탕으로 만화를 그려 보면서 내용의 이해를 도울 수 있습니다. 그리고 이렇게 직접 그림으로 그려 본 구절은 아이에게 강한 자극을 주어 행동에 직접적인 변화를 불러일으키는 계기가 됩니다.

제목	15소년 표류기				
출판사	삼성출판사	저자	쥘 베른	쪽수	255쪽
저자 소개	근대 과학 소설의 선구자다. 어린 시절부터 모험 소설을 즐겨 읽으며 멋진 모험가를 꿈꾸었다. 한때 아버지의 뜻에 따라 법률을 공부하기도 했으나, 결국 자신의 꿈을 좇아 작가가 된다. 당시의 과학주의에 힘입어 『기구를 타고 5주일』을 시작으로, 뛰어난 창의력과 공상력을 담은 소설들을 발표하여 많은 사랑을 받았다. 사람들에게 잘 알려진 『80일간의 세계 일주』, 『해저 2만 리』도 그의 작품이다.				

♠ 이 책의 가치

1888년에 출간되어 지금까지 사랑받고 있으며, 『로빈슨 크루소』를 잇는 대표 모험 소설이다. 무인도에 정착한 어린 소년들이 서로 협동하여 어려움을 헤쳐 나가는 모습을 통해 친구의 소중함과 협동의 힘, 진취적인 도전 정신을 배울 수 있다. 특히 소년들은 무인도라는 공간에서 자신의 이득을 따지고 대립하는 등 어른 사회를 간접 경험하면서 몸과 마음이 성숙해져 간다. 무인도에서의 삶이 소년들에게 일종의 통과 의례의 역할을 한 것이다. 이 책을 읽은 아이들 역시 이들의 모험을 따라가는 사이 자신도 모르게 상상력이 자라고 어른이 되기 위해 필요한 지혜를 얻게 될 것이다.

♠ 책 소개

여름방학을 맞아 즐겁게 떠난 일주 항해에서 폭풍우를 만나 무인도에 표류하게 된 국적도, 개성도 다른 열다섯 명의 소년들이 2년 동안 살아남기 위해 싸워 나가는 이야기다. 큰 바다거북을 잡고, 야생 타조를 길들이고, 우유가 나오는 '암소 나무'를 발견하는 등 흥미로운 모험들이 이어진다. 소년들은 때로는 협력하고 때로는 대립하면서 수많은 어려움을 헤쳐 나간 끝에 집으로 돌아오게 된다.

♠ 이렇게 읽으면 좋아요

① 아이들의 심리 변화에 주목하여 읽게 한다

인종, 국적, 성격도 모두 다른 열다섯 명의 아이들이 무인도라는 고립 상황에서 벌어지는 이야기인 만큼, 아이들 저마다의 심리에 주목해서 읽으면 보다 재미있게 읽을 수 있다. 이를 통해 아이가 보다 넓은 시야를 가질 수 있다.

② 개성 넘치는 등장인물에 대해 파악하게 한다

이야기에 나오는 인물들의 성격, 생김새, 목소리 등을 상상하면서 읽게 하라. 등장인물과 비슷한 사람이 주변에 있는지, 아이와 비슷한 사람은 없는지, 그리고 자신이라면 어떻게 행동했을지 이야기해 보게 하자.

③ 상상을 하게 한다

흥미진진한 모험 이야기가 가득 담겨 있다. 아이의 상상을 이끌어 소년들이 펼치는 모험 이야기를 충분히 즐길 수 있도록 도와주자. 부모가 자신이 보는 책에 흥미를 보이고 생각을 끌어 주면 아이들은 책에 더욱 빠져들게 된다. 또한 아이에게 무인도에 가게 된다면 어떻게 할 것 같은지를 물어보자.

④ 책 구성을 적극 활용한다

작품 맨 마지막에 작가 알기, 줄거리 요약과 작품 이해를 위한 해설, 논쟁거리와 문답을 소개하는 코너가 마련되어 있다. 이를 적극 활용하면 전문가 못지않게 아이에게 작품을 이해시킬 수 있다.

20   년   월   일(~   쪽)

제목 :

> **TIP** 책 제목을 그대로 써도 좋지만, 오늘 읽은 부분의 제목을 새롭게 붙여 보면 더욱 좋습니다.

Q 『15소년 표류기』라는 제목을 읽고 어떤 내용이 담겨 있을 거라 생각했나요? 그리고 어떤 느낌이 들었나요?

Q 읽은 내용 중 가장 인상 깊은 단어는 무엇인가요?

Q 등장인물 중 친구로 삼고 싶은 인물이 있나요? 어떤 점이 마음에 드나요? 책에서 소개된 설명을 바탕으로 인물에 생김새와 성격에 대해 상상해 보고, 그림을 그린 후 설명해 보세요.

이름 :

등장인물들의 장점과 단점을 써보세요. 장점 중 배우고 싶은 점은 무엇인가요? 그 행동을 따라해 보고 소감을 적어 보세요.

등장인물의 장단점

배우고 싶은 등장인물의 장점

실천 후 소감

Q 주요 등장인물 고든, 브리앙, 드니팬의 특징, 성격에 대해 적어 보세요.

고 든:

브리앙:

드니팬:

Q 브리앙은 소년들에게 대통령을 뽑자는 제안을 합니다. 대통령을 뽑기로 한 까닭은 무엇인가요?

Q 숲 속에서 자크는 형 브리앙에게 자신이 저질렀던 큰 잘못을 털어놓습니다. 자크가 고백한 내용은 무엇인가요?

Q 만약 친구들과 무인도에 표류하게 된다면, 어떻게 행동할 것 같은가요?

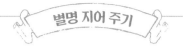
별명 지어 주기

이 책에 등장하는 세 명의 인물에게 어울리는 별명을 지어 보세요.

등장인물 : _____   별명 짓기 : _____

이 별명을 지은 이유를 쓰세요.

_____

_____

_____

등장인물 : _____   별명 짓기 : _____

이 별명을 지은 이유를 쓰세요.

_____

_____

_____

등장인물 : _____   별명 짓기 : _____

이 별명을 지은 이유를 쓰세요.

_____

_____

_____

TIP 그 인물의 특성에 맞게 별명을 지어 주려면 그 인물의 말이나 행동을 통해 특징을 정확히 이해해야 합니다.

제목	갈매기의 꿈				
출판사	현문미디어	**저자**	리처드 바크	**쪽수**	160쪽
저자 소개	1936년 미국 일리노이주에서 태어났다. 롱비치 주립 대학에서 퇴학당한 뒤 공군에 입대해 비행기 조종사가 되었다. 상업 비행기 조종사로 일하면서 3,000시간 이상 비행했으며, 자유 기고가로 활동하며 비행 잡지에 몇 편의 글을 썼다. 해변을 거닐다가 공중에서 들려오는 목소리에 이끌려 집으로 돌아와 곧바로 쓰기 시작한 작품이 『갈매기의 꿈』이다.				

♠ 이 책의 가치

갈매기의 꿈은 1975년 정식으로 출간되어 5년 만에 700만 부가 판매되었으며, 전 세계 언어로 번역되었다. 불후의 명작이 된 이 작품은 미국 문학사상 최고의 베스트셀러 『바람과 함께 사라지다』보다 더 널리 읽히고 있다. 이 책은 의존보다는 자유를 선택하는 삶의 가치를 일깨워 준다. 또한 소수의 선택된 자만이 아니라 인간은 누구나 위대한 가능성을 내면에 간직하고 있다는 깨달음의 메시지를 전하고 있다.

♠ 이렇게 읽으면 좋아요

① 조나단이 꿈을 이루기 위해 어떤 과정을 거치는지 살펴보게 한다

조나단의 꿈은 다른 갈매기들과 달랐다. 남들과 다르다는 이유로,

모두에게 무시와 비웃음을 당하는 등 많은 역경을 이겨 내야 했다. 아이가 성장해 나가는 과정에서도 이와 유사한 경험이 있었거나 혹은 앞으로 맞이할 수도 있다. 그때 조나단이 꿈을 이루는 과정이 아이에게 성장의 힘이 되어 줄 것이다.

② 핵심 단어에 동그라미를 치게 한다

조나단이 꿈을 이루면서 느끼고 배우는 소중한 것들이 담겨 있다. 조나단의 도전이 주는 깨달음과 교훈이 상당히 많다. 흘려 읽지 않도록 핵심 단어에 동그라미를 치며 읽을 수 있도록 지도한다. 치앙 등 다른 등장인물이 한 말들 중에서도 가슴에 와닿는 대사가 있다면 줄을 그으며 읽어도 좋다.

③ 나의 꿈을 함께 떠올려 보게 한다

이 책을 읽으며 나는 어떤 꿈을 가지고 있는지, 그 꿈을 이루기 위해서는 어떤 장애물을 극복해야 하는지 연관 지어 생각해 보게 한다. 구체적으로 꿈을 이루는 방법을 그리는 기회이자 동기 부여가 될 것이다.

20   년   월   일(~   쪽)

제목 :
TIP 책 제목을 그대로 써도 좋지만, 오늘 읽은 부분의 제목을 새롭게 붙여 보면 더욱 좋습니다.

Q 오늘 이 책을 읽으면서 가장 중요하다고 생각되었던 단어는 무엇인가요?

Q 책 내용 중 가장 인상적인 장면을 아래 빈칸에 그리고 설명해 보세요.

적용과 실천 내가 선생님이 된다면 제자들에게 이 책 내용 중에 무엇에 주목하여 가르쳐 주고 싶은가요?

1 이 책의 주인공 조나단이 들은 말 중에 "가장 높이 나는 새가 가장 멀리 본다."는 말은 어떤 의미인지를 쓰고, 이 말을 실천하기 위하여 실생활에서 할 수 있는 일을 한 가지 써보세요.

의미 :

실천 방법 :

2 주인공 조나단이 꿈을 이룰 때까지 조나단에게 가장 큰 영향을 준 인물은 누구이며, 어떤 영향을 주었는지 써보세요.

영향을 준 인물 :

영향 :

3 나의 꿈은 무엇인지 적어 보세요. 그 꿈을 이루기 위해서는 조나단처럼 많은 어려움을 극복해야 합니다. 어떤 어려움이 있을지 생각해 보고, 극복할 수 있는 방법도 적어 보세요.

나의 꿈 :

꿈을 방해하는 어려움 :

어려움을 극복할 수 있는 방법 :

책의 제목이나 글감 또는 주제를 한가운데에 쓰고, 마음속에 떠오르는 생각들을 선으로 연결하며 써보세요. (예 : 등장인물, 사건, 장소, 느낀 점 등)

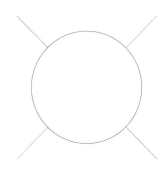

TIP 관련 있는 것들을 이어가면 됩니다. 예를 들어 '갈매기의 꿈   ·조나단 → 날기   ·더 높이 더 멀리   ·저앙 ……'

제목	소나기				
출판사	맑은소리	**저자**	황순원	**쪽수**	144쪽
저자 소개	현대 문학 고유의 서정적 아름다움과 예술성을 대표하는 소설가이자 시인이다. 1915년 평안남도 대동에서 태어난 그는 평양 숭실중학교에 다니던 1931년에 17세의 나이로 「나의 꿈」, 「아들아 무서워 마라」를 잡지 ≪동광≫에 발표하면서 본격적으로 문단에 데뷔했다. 1934년 일본으로 유학을 떠나 그곳에서 문학 동료들과 함께 첫 시집 『방가』를 출간한 이후 시, 소설을 함께 발표했으나 1940년 첫 단편집 『늪』을 발간하면서 소설에 전념하게 되었다. 그 후 왕성한 작품 활동과 동시에 경희대학교 국문과에서 교수로 지내면서 많은 문인들을 배출해 냈다.				

♠ 이 책의 가치

황순원의 대표작이자 현대 문학을 대표하는 단편 소설이다. 한국인이 가장 사랑하는 소설이기도 하다. 이 책은 소년, 소녀의 첫사랑의 경험을 통하여 어린 시절 겪게 되는 아픔과 정서적인 상처를 다루고 있다. 시골 소년과 병약한 서울 소녀의 소박하지만 순수한 감정의 나눔이 간결한 문체와 한국적인 색채로 아름답게 표현되어 있다. 뛰어난 서정성과 절제된 문체, 세련된 기교로 짙은 미적 감동을 일으킨다. 맑음소리에서 출간된 『소나기』에는 「소나기」 외에도 황순원의 또 다른 대표 작품인 「별」, 「산골아이」, 「독 짓는 늙은이」가 함께 담겨 있다.

♠ 줄거리

시골 소년과 병약한 서울 소녀의 만남을 잔잔하고 아름답게 표현한 책이다. 윤 초시네 증손녀가 서울에서 이사를 왔다. 소년은 그런 소녀를 개울가에서 처음 만난다. 소심한 소년은 비켜 달라는 말도 못하고 소녀가 징검다리에서 비키기만을 기다리는데, 소녀는 그런 소년에게 조약돌을 던지며 관심을 표현한다. 그 후 소년과 소녀는 조금씩 가까워지고, 함께 산에 놀러 간 날 갑자기 소나기를 만나게 된다. 이 소나기로 소년과 소녀는 한층 가까워지지만, 잠깐 내리다 그치는 소나기처럼 그들의 순수한 사랑은 끝나고 만다.

♠ 이렇게 읽으면 좋아요

① 주인공 소년의 마음을 상상하며 읽게 한다

소극적이며 수줍음이 많은 소년은 소녀를 생각하는 마음을 직접적으로 표현하지 못하고 소박한 행동으로 표현한다. 소년의 행동에 어떠한 마음이 담겨 있는지 감정 이입하여 읽어 보게 한다.

② 장면을 상상하며 읽게 한다

시골에서만 느낄 수 있는 자연 풍경이 책 안에 가득 담겨 있다. 처음 보는 꽃이나 풀이름이 나왔다면 직접 찾아보고 어떤 모양인지, 어떤 향인지 확인해 보는 것도 좋은 방법이다. 또 작품의 배경인 잔잔한 시골 풍경을 상상하면서 읽으면 한층 더 집중하여 읽을 수 있다.

③ 애니메이션과 함께 보게 한다

책을 원작으로 한 애니메이션이 나와 있다. 책을 읽은 뒤 원작과 비교하면서 애니메이션을 보자. 내가 상상했던 장면이나 인물들이 어떻게 구현되는지 확인할 수 있어 책이 더욱 재미있게 느껴진다.

20   년   월   일(～   쪽)

제목 :

TIP 책 제목을 그대로 써도 좋지만, 오늘 읽은 부분의 제목을 새롭게 붙여 보면 더욱 좋습니다.

Q 내가 오늘 읽은 장면에서 가장 기억나는 단어는 무엇인가요?

_____

_____

Q 가장 인상적이었던 소년의 말이나 행동을 적고, 그에 대한 느낌을 적어 보세요.

_____

_____

Q 위의 소년의 말이나 행동에 대하여 내가 소년이었다면, 어떻게 했을까요?

_____

_____

적용과 실천 소년이 되어 소녀에게 편지를 써보세요.

                    께

_____

_____

_____

_____

TIP 소녀를 사랑하지만 차마 말을 못하는 소년의 마음이 잘 나타나게 쓸 수 있도록 지도합니다.

1 개울가에서 소녀가 징검다리 한가운데 앉아 있다가 소년을 향해 "이 바보."라고 하면서 하얀 조약돌을 던졌습니다. 소녀는 왜 소년에게 조약돌을 던졌을까요?

_____

_____

_____

_____

2 소녀가 죽기 전에 한 말은 무엇인가요? 내가 소녀라면 어떤 말을 남기고 싶은지 써보세요.

죽기 전에 한 말 :

_____

_____

남기고 싶은 말 :

_____

_____

3 내가 책 속의 소년이라면 소녀가 떠난 뒤 가장 후회되는 것이 무엇일지 생각하여 써보세요.

_____

_____

_____

_____

_____

『소나기』를 읽고, 이야기의 일부분을 창의적으로 바꾸어 보세요.

원래 이야기

바꾼 이야기

TIP 이야기 일부분을 바꿈으로 인해서 뒷이야기가 바뀐다는 사실을 꼭 기억해야 합니다. 또한 앞뒤가 자연스럽게 연결되도록 바뀌어야 합니다.

고학년이 되면 다독하는 경향이 많이 줄어든다. 대신 목적 중심의 독서와 사색 중심의 독서가 늘어나기 시작한다. 때문에 고학년은 양보다는 질 중심의 독서로 바뀌어야 하는 시점이다. 이런 고학년들의 특성은 한 구절, 한 구절 따져 가며 읽어야 하는 인문 고전읽기에 가장 적합하다.

4장

재미있게 심화하는
5, 6학년 고전읽기

4-1

5, 6학년의 발달과 특성을 활용한 고전읽기법

♦ 5, 6학년은 고전읽기를 위한 최적의 시기

♦ 지식과 논리의 세계에 빠져든다

♦ 인문 고전의 맛을 느끼게 하라

♦ 인문 고전, 이렇게 읽혀라

♦ 5, 6학년, 무슨 고전을 어떻게 읽혀야 할까?

5, 6학년은 고전읽기를 위한 최적의 시기

초등 고학년은 어린이 티를 벗고 어른이 되기 위한 과도기에 접어드는 시기다. 신체적 능력뿐만 아니라 어휘력, 두뇌 능력 등도 상당한 수준에 도달한다. 사춘기 이전에 어휘력의 80%가 습득된다고 하니, 이 시기의 아이들은 어른이 읽는 책도 충분히 읽을 수 있다. 때문에 고전을 읽기에 가장 좋은 타이밍이다. 이 시기를 잘 활용하면 아이에게 성공적으로 고전을 읽힐 수 있다.

고학년 아이들은 어른 흉내를 내려 하며 어린아이 취급하는 것을 싫어한다. 자신의 행동이 어찌 되었든지 어른처럼 대해 주기를 원한다. 책도 자신의 독서력과 상관없이 유치한 책은 어린이가 보는 책이라고 하며 안 보려고 한다. 독서에 겉멋이 들어『논어』,『채근담』과 같은 책을 읽으면서 대단한 책을 읽고 있다는 사실에 굉장한 자부심을 느낀다. 그리고 어디를 가든지 이런 사실을 자랑하고 싶어 한다.

또한 이 시기의 아이들은 '나는 누구인가?' '죽음이란 무엇인가?' '왜 살아야 하는가?'와 같은 고민들을 하기 시작한다. 고전의 저자들은 이런 질문들에 대해 답변하기 위해 때로는 자기 평생을 바친 사람들이다. 그래서 고전을 읽다 보면 이러한 철학적인 의문이나 질문에 대한 깨달음이나 힌트를 얻을 수 있다. 때문에 사춘기라는 격동의 시기에 한 발을 들여놓은 아이들이 고전을 읽는다면, 자신만의 가치관을 확립해 가고 성장시키는 지혜와 힘을 얻을 수 있다.

지식과 논리의 세계에 빠져든다

교실 풍경으로 보는 고학년의 특징

신체 능력이 좋아지면서 남자아이들은 쉴 새 없이 운동장을 뛰어다니고, 여자아이들은 끼리끼리 모여 앉아 자신이 좋아하는 아이돌 이야기를 하며 시간을 보낸다. 이성에 대한 호기심이 극에 달하면서 외모에 대한 관심이 부쩍 늘어나고 서로 가까이하지는 않지만 묘한 기류가 오고 간다.

몸이 커지고 힘도 세지며 학교 내에서 선배들도 거의 사라지니, 아이들은 천군만마를 얻은 것처럼 거침이 없다. 20년 가까이 쌓은 교사 내공으로도 통제가 잘 안 될 정도다.

변성기가 시작되는 등 신체 변화에 대한 개인차가 심해, 이를 고민하는 아이도 많아진다.

철학적인 고민이 시작되는 것도 이때다. 아이들은 자기 자신에 대해 고민하고 의문을 갖게 된다. 하지만 이 시기 아이들은 자신의 고민을 어른에게 말하지 않으려는 경향이 있는 데다, 서열이 분명해지고 학교 폭력에 노출될 확률도 커지는 만큼, 부모나 교사가 더욱 관심을 기울여야 한다.

다른 사람의 시선을 의식하는 게 강해져 이제는 발표를 시키면 화를 낸다. 질문하면 공공의 적이 된다는 가르침을 누구에게 배우기라도 했는지, 궁금한 것이 있어도 교사에게 물어보지 않는다.

그런 반면 사회적인 문제들에는 관심을 보이고 정의감을 드러낸다. 그래서 불의를 보면 참지 못하고 조금이라도 불공평하다고 느끼면 도시락 폭탄이라도 투척할 기세로 따진다. 부모와의 논쟁이 시작되는 것도 이 시기다.

표정만 봐도 이 시기의 아이들을 짚어 낼 수 있을 정도로, 무엇을 해도 하나같이 표정이 심드렁하다. 자신은 더 이상 작은 일에 호들갑을 떨 만큼 아이가 아니라는 의미일 것이다. 스스로 큰 줄 알며, 기저귀도 스스로 갈며 자랐다고 우기고도 남는 아이들이다.

못 말리는 청춘의 초입에 들어선 아이들이 바로 초등학교 고학년이다.

다독 중심의 독서에서 목적 중심의 독서로

고학년 아이들의 무리를 보면 아는 것이 많고 논리적인 아이들이 대부분 리더의 역할을 한다. 다툼이 생기더라도 논리적으로 꼼짝 못하게 하는 친구 앞에서는 꼬리를 내린다. 학급 임원을 뽑을 때도 이런 경향이 두드러진다. 소위 '말발'이 센 아이들이 주도권을 가지게 되는 것이다. 저학년 때는 목소리 큰 아이가 이겼다면 고학년 때는 말발이 센 아이가 이긴다. 이는 아이들의 사고가 급속도로 합리적이며 논리적으로 바뀌어 가기 때문이다.

아이들은 사고력이 자라고 논리가 형성되면서 자신만의 생각을 가지게 된다. 그래서 고학년 아이들은 자신의 입장에서 비합리적이라고 생각되는 일은 잘 참지 못한다. 어른이 보기에는 미숙한 사고에서 나온 결과라 어처구니없을 때도 많다. 이런 행동은 자칫 부모나 교사를 무시하고 대드는 것처럼 보이기도 한다. 이때 아이에게 화를 내기보다 '이제는 이런 생각도 할 수 있구나.' '아, 너는 그런 생각을 하는구나. 엄마가 미처 몰랐던 부분까지 생각하다니, 대단한데.'처럼 아이의 의견을 존중해 주어야 한다. 그렇다고 아이의 의견을 무조건 받아 주라는 것이 아니다. 아이가 스스로 논리적인 사고를 거쳐 이를 표명하고 있다는 사실을 인정하고 칭찬하되, 올바른 판단을 할 수 있도록 이끌어 주어야 한다.

이런 특성들 때문에 고학년은 지식과 논리의 시기라고 할 수 있다.

이는 독서 성향에도 고스란히 반영된다. 고학년이 되면 아이들은 치밀한 구성과 논리적 전개가 돋보이는 탐정 소설이나 추리 소설에 빠져든다. 또한 이전까지는 거들떠보지도 않던 뉴스와 신문에 관심을 보이기 시작한다. 현실적이고 합리적인 사고가 발달하면서 비현실적인 공상 세계보다는 논리 세계에서 더 큰 쾌감을 느끼는 것이다.

고학년이 되면 다독하는 경향도 많이 줄어든다. 저학년 때는 하루에도 몇 권의 책을 읽기도 하지만 고학년이 되면 이런 모습이 사라진다. 대신 목적 중심의 독서와 사색 중심의 독서가 늘어나기 시작한다. 때문에 고학년은 양보다는 질 중심의 독서로 바뀌어야 하는 시점이다.

이런 고학년들의 특성은 한 구절, 한 구절 따져 가며 읽어야 하는 인문 고전읽기에 가장 적합하다. 6학년 아이들과 『논어』를 읽을 때 이런 일이 있었다. 『논어』 위정편에 공자님이 "마땅히 해야 할 일을 보고도 하지 않는 것은 용기가 없는 것"이라고 말하는 구절이 있다. 이 구절을 읽고, 어떤 아이가 자기는 "당당하지 않은 것이 용기가 없는 것"이라고 생각한다며 이의를 제기했다. 생각의 옳고 그름을 떠나 많이 칭찬해 주었다. 인문 고전은 이렇게 읽어야 하는 것이 아닐까? 한 구절 한 구절을 곱씹어 보고 또 따져 가며 읽어야 자기 것이 된다.

자꾸 써보게 하라

앞서 고학년은 논리의 세계로 빠져드는 시기라고 언급했다. 논리란 비약이 아닌 단계적 사고를 말하며, 결론적인 사고가 아닌 과정 중심의 사고를 말한다. 논리가 결여되면 말이나 글에 논조가 없고 중언부언하게 되며 듣는 사람이나 읽는 사람이 이해하기 힘들 뿐만 아니라 설득력도 떨어지게 된다.

문제는 논리적 사고를 어떻게 하면 키워 줄 수 있는가다. 여러 방법이 있겠지만 그중 글을 쓰는 것만큼 논리적 사고력을 키우는 데 유용한 방법은 없다. 글을 쓴다는 것은 단순한 과정이 아니다. 고등 정신 능력 중 최고봉이라 할 수 있다. 생각 없이 듣거나 읽거나 말은 할 수 있어도 생각 없이 글을 쓸 수는 없다. 의미가 담긴 문장을 한 줄이라도 쓰기 위해서는 엄청난 사고의 과정이 필요하기 때문이다.

세포 하나하나가 모여 우리 몸을 이루듯이 글이란 낱말 하나하나가 모여 메시지를 나타낸다. 무의미한 낱말의 나열은 힘을 가지지 못한다. 때문에 글을 쓸 때는 낱말 하나, 문장 하나에도 세심한 주의를 기울여야 한다. 멋진 문장들만 나열한다고 아름다운 글이 탄생하는 것이 아니다. 나의 생각이 부어지고 영혼이 담겨야 비로소 생명력 있는 글이 탄생한다. 이 과정에서 논리는 가장 기본적으로 깔려 있어야 하는 요소다.

인문 고전의 맛을
느끼게 하라

　인문학은 크게 문학, 역사, 철학으로 나뉜다. 이 중에서 문학이나 역사는 우리에게 친숙하지만 철학 분야는 좀처럼 접할 기회가 없다. 더군다나 철학은 너무 어렵고 고리타분하다는 편견이 강하다. 하지만 인간이 살아가면서 봉착하는 문제들은 결국 다 철학적인 문제다. 삶, 죽음, 사랑, 고통, 행복과 같은 문제는 인간이 현실 속에서 무수히 부딪히는 문제이지만 쉽게 그 해답을 찾을 수 없다. 그리고 이는 비단 어른만의 문제가 아니다. 특히 사춘기에 접어드는 초등학교 고학년 아이들에게는 매우 중요한 문제다. 이런 아이들에게 인류 최고의 스승들의 가르침을 제공할 수 있다면 이보다 더 훌륭한 교육이 어디 있겠는가?

　초등학생에게 인문 고전을 읽혀야 한다고 하면, 반문하는 분들이 있다. 『논어』, 『플라톤의 대화편』과 같은 인문 고전을 어려워서 어떻게 읽겠냐는 것이다. 하지만 어른들의 생각과 달리 아이들은 인문 고전을 별 무리 없이 받아들인다.

자세한 인문 고전읽기법을 알려 주기 전에, 왜 초등학생에게 인문 고전을 읽혀야 하는지를 소개하고자 한다. 아마 내가 쓴 전 책을 읽은 독자라면 이미 충분히 공감하고 있을 것이다. 하지만 그렇지 않은 분들을 위해 간략하게 먼저 설명하고자 한다. 앞에서도 설명했지만, 부모가 확신과 믿음을 가지고 있을수록 고전읽기 효과도 커지기 때문이다.

인문 고전은 아이의 정서 지능을 높여 준다

요즘 아이들은 상당히 나약하며 조금만 어려워도 금방 포기하는 경향이 있다. 그래서 요즘 떠오르고 있는 것이 바로 정서 지능이다. 정서 지능(EQ)이란 자신과 타인의 감정을 이해·수용하고 자기감정을 조절하는 능력을 의미한다. 정서 지능이 높은 아이는 스트레스나 좌절 등에 강하며, 스스로 동기를 부여해 성공해 내는 능력이 뛰어나다.

예를 들어 정서 지능이 낮은 아이는 낮은 점수를 받았을 때 '내가 그럼 그렇지. 열심히 하면 뭐 해.'라고 생각하지만, 정서 지능이 높은 아이는 '이번에 무엇이 잘못된 걸까? 다음번엔 다른 방법으로 공부해 봐야지.'라고 생각한다. 당연히 전자의 아이는 성적이 점점 떨어지는 반면, 후자의 아이는 성적이 올라갈 확률이 높다. 즉 아이가 행복하고 성공적인 삶을 살기 위해 꼭 필요한 것이 정서 지능이라고 할 수 있다.

인문 고전은 아이의 정서 지능을 높여 준다. 정서 지능을 높이기 위해서는 긍정적인 마음과 다른 사람의 마음을 이해하는 능력, 실패를 두려워하지 않는 도전 정신 등이 필요하다. 인문 고전은 '효(孝), 인(仁), 우(友)' 등 인간이 가져야 할 기본 가치와 도리를 다루고 있는 만큼, 아이가 자신의 행동을 되돌아보고 올바른 가치관을 확립하는 기회를 제공한다. 또한 다른 사람의 입장이나 생각을 엿볼 수 있게 해주어 타인에 대한 공감 능력을 높여 준다. 따라서 자연스럽게 정서 지능이 높아질 수밖에 없다.

아이 스스로 변화하게 만든다

앞에서 철학적인 고민들에 대한 답변을 고전을 통해서 얻을 수 있다고 말하였다. 특히 인문 고전에 담겨 있는 오래전 선인들이 주는 일침은 오늘날 우리에게도 깊은 교훈을 선사한다.

삼성을 세운 고(故) 이병철 회장은 아직도 많은 사람에게 회자되고 있다. 그는 사람을 채용하기 전에는 고민을 거듭하지만, 일단 채용하고 나면 믿고 맡기는 인사 스타일로 유명하다. 그런데 나중에『명심보감』을 읽으면서 이병철 회장의 인사 철학을 그대로 옮겨 놓은 듯한 구절을 보고 깜짝 놀랐다.

> "의심스러운 사람은 쓰지 말고, 일단 사람을 믿고 썼으면 의심하지 말라."
>
> -『명심보감』성심편 중에서

이병철 회장이 이 책을 읽었는지는 모르겠지만, 인문 고전을 읽으면 돈을 주고도 배울 수 없는 많은 깨달음을 얻을 수 있다.

한 아이의 필통을 우연히 보았더니 "남이 자신을 알아주지 못함을 걱정하지 말고, 내가 남을 제대로 알지 못함을 걱정해야 한다."는『논어』의 한 구절을 써서 붙여 놓은 것이 아닌가. 그 이유를 물었더니, 마음에 너무 와닿는 구절이라 항상 가슴에 새기기 위해 이렇게 붙여 놓았다는 것이다. 이처럼 인문 고전은 부모가 아무리 말해도 한 귀로 듣고 흘려버리곤 했던 삶의 자세를 아이 스스로 가슴에 새겨 실천하고자 노력하게 만든다.

쾌락을 좇는 독서 vs 즐거움을 좇는 독서

'쾌락'과 '즐거움'의 차이는 무엇일까? 쾌락이나 즐거움이나 사람이 느끼는 기쁨이라는 점에서 구별이 모호하다. 하지만 분명한 차이점이 있다. 가장 큰 차이는 대가를 지불하는 시점이 다르다. 즐거움은 대가를 먼저 지불하지만, 쾌락은 대가를 나중에 지불한다. 즉 즐거움은 수고가 먼저 따라온 후에야 느끼는 기쁨이다. 하지만 쾌락은 먼저 기쁨을 느낀 후 그에 대한 대가를 지불해야 한다. 쾌락과 즐거움의 또 다른 차이는, 즐거움은 중독성이 없지만 쾌락은 중독성이 강하다는 것이다. 또한 즐거움은 오래도록 지속되지만 쾌락은 한순간에 불과하다. 어느 쪽의 기쁨을 택해야 할까?

독서에도 쾌락을 추구하는 독서와 즐거움을 추구하는 독서가 있다. 만화책이나 판타지책을 읽는 것은 쾌락을 추구하는 독서다. 당장은 읽기 쉽고 재미있지만, 읽고 나면 남는 것이 없다. 아이가 이런 종류의 책만 읽을 경우, 자극적인 소재만을 찾게 되고 현실 적응력이 떨어질 우려가 있다. 더욱 난감한 것은 다른 종류의 책은 읽지 않게 된다는 점이다. 이에 반해 인문 고전을 읽는 것은 즐거움을 추구하는 독서다. 읽기 위해서는 많은 노력과 시간이 필요하지만, 읽고 난 후에 얻게 되는 여운이 상당히 길다. 이는 꿈이 없던 아이에게 꿈을 갖게 하고, 자신의 행동을 스스로 반성하게 하는 등 커다란 변화로 이어지는 계기가 되기도 한다.

인문 고전,
이렇게 읽혀라

초등 고학년은 인문 고전을 본격적으로 읽기 시작할 수 있는 시기이므로, 조금 더 구체적으로 인문 고전을 읽히는 방법에 대해 이야기해 보고자 한다.

한국교육개발원의 연구에 따르면 요즘 아이들이 좋아하는 책의 조건은 다음과 같다.

- 이야기와 사건이 빠르게 진행되는 책
- 배경 묘사가 자세한 책
- 결론이 명쾌하고 도덕적인 책
- 선한 등장인물이 나오는 책
- 베스트셀러라고 광고된 책

인문 고전은 이 중에서 몇 개의 조건을 만족시킬까? 안타깝게도 한 개의 조건도 만족시키지 못한다. 즉 인문 고전은 아이들이 싫어하는 모든 조건을 갖춘 책이다. 사정이 이렇다 보니 인문 고전은 절대로 아이들 스스로가 찾아 읽을 책이 아니다. 따라서 인문 고전을 읽히고자 한다면, 처음에 이에 대한 긍정적인 경험을 시켜 주는 것이 중요하다.

한 해 동안 6학년 아이들에게 16권의 고전을 읽힌 뒤 고전읽기에 대한 만족도를 설문 조사한 적이 있다. 설문 중에 '가장 감동 깊게 읽어 후배들도 꼭 읽었으면 하는 책'과 '가장 읽기 힘들고 어려워서 고전 목록에서 뺐으면 하는 책'을 조사하는 문항이 있었다. 우리 반에서는 『톨스토이 단편선』, 『논어』, 『오만과 편견』이 후배들이 꼭 읽었으면 하는 책으로 뽑힌 반면, 다른 반에서는 가장 뺐으면 하는 책으로 『논어』가 뽑혔다. 딱딱하고 어렵다는 것이 그 이유였다.

그런데 왜 이렇게 상반된 결과가 나온 것일까? 사실 인문 고전은 어떻게 접근하느냐에 따라 아이들이 쉽게도, 어렵게도 받아들인다. 인문 고전을 읽히기 전에 먼저 아이에게 '흥미'를 불러일으키는 것이 중요하다. 아이가 인문 고전을 어렵고 딱딱한 하기 싫은 숙제로만 생각한다면 인문 고전에서 얻을 수 있는 효과를 누리기 힘들다. 따라서 부모는 아이에게 어떻게 하면 인문 고전에 대한 흥미를 불러일으킬 수 있는지를 가장 먼저 고민해야 한다.

아이의 흥미를 끌어올리는 가장 대표적인 방법이 바로 책에 대해

'칭찬하기'다. 『논어』를 예로 들면 "논어는 출간된 지 2,000년이 넘었고, 이와 관련된 책만 3,000권이 넘는다. 옛날에는 과거 시험을 보기 위해서는 반드시 공부해야 하는 책이었고, 동양 철학의 근간이 된다."는 식으로 책의 가치에 대해 설명하면 아이는 호기심을 보인다. 그리고 이런 대단한 책을 읽는다는 사실에 자부심을 갖게 된다. 또 아이에게 이런 위대한 책을 읽은 후 자신이 얼마나 멋지게 변해 있을지를 상상해 보게 하는 것도 좋은 방법이다.

아이가 인문 고전을 한 권 다 읽을 때마다 책거리를 해주는 것도 좋은 방법이다. 인문 고전을 읽기 위해서는 몇 달의 시간이 걸린다. 따라서 책을 다 읽으면 아이가 좋아하는 음식을 먹으러 가거나, 영화를 보러 가는 등 성취감을 직접 느낄 수 있도록 해주어야 한다.

이러한 방법들은 궁극적으로 아이에게 고전읽기에 대해 긍정적인 인식을 갖게 해주고, 이는 다른 인문 고전에도 관심을 갖게 하는 원동력이 된다.

책에 얽힌 뒷이야기들이 호기심을 불러일으킨다

어떤 작품을 읽기 전에 그 작품의 가치나 작가 등에 대해 알고 책을 읽는 것과 그렇지 않은 것은 상당한 차이가 난다. 책 내용에 대한 호기심과 이해도 자체가 달라지기 때문이다.

『명상록』을 예로 들어 보자. 이 책은 배움, 인생, 운명, 죽음, 영혼 등에 대해 깊이 있는 통찰력으로 써 내려간 역사상 가장 위대한 책 중 하나로 평가받고 있다. 그것만으로도 책에 대한 궁금증이 일어난다. 그런데 이 책을 쓴 사람은 로마의 황제인 마르쿠스 아우렐리우스이며, 그가 수많은 전쟁터를 누비면서도 사색을 멈추지 않고 집필한 책이라는 사실을 안다면 그 궁금증은 더욱 증폭될 것이다. 더구나 평생 위경련으로 고통받으며 살았던 저자가 온갖 역경과 어려움 속에서도 이런 글을 썼다는 사실까지 더해진다면 책에 실려 있는 한 구절한 구절에 더 깊은 의미를 부여하게 된다. 아이는 당연히 더 집중해서 재미있게 책을 읽게 될 것이다.

따라서 인문 고전을 읽히기 전에는 먼저 저자는 누구인지, 책이 집필된 시대적 배경은 어떠한지, 주요 등장인물은 누구인지 등등 작품에 대해 가급적 많은 사전 설명을 해주는 것이 중요하다.

낯선 어휘, 알아야 재미있어진다

6학년 아이들과 『논어』를 읽고 나서 전과 확연히 달라진 점이 있는데, 바로 아이들이 예전에는 사용하지 않던 말들을 쓰기 시작했다는 것이다. 예를 들어 '군자(君子), 소인(小人), 인(仁), 예(禮)'와 같은 말들이다. 심지어 자기들끼리 "너의 행동은 전혀 군자답지 못한 것 같아.""네 행동은 소인스러워."와 같은 말을 하거나, "나도 인한 사람이 되도록 노력해야겠다."와 같은 말들을 일기에 쓰곤 했다.

이런 변화의 이유는 간단하다. 『논어』를 읽다 보니 자연스럽게 이런 어휘들에 익숙해진 것이다. 아이들은 책에서 나온 단어들을 일상생활에서 사용하면서, 그 어휘의 의미를 자신도 모르게 반복하게 된다. 이렇게 익힌 어휘는 아이의 행동이나 생각에 직접적인 영향을 준다. 좋은 책을 많이 읽혀야 하는 이유이기도 하다.

인문 고전에는 생소한 어휘가 많이 등장한다. 이때 부모가 옆에서 어휘의 개념을 가르쳐 줄 필요가 있다. 그래야 아이가 내용을 정확히 이해하고 그 어휘들을 올바르게 사용할 수 있다.

아이들에게 군자의 뜻을 물어보면 개중 한자를 좀 아는 아이들은 보통 '임금 군(君)' 자를 보고 "임금."이라고 답한다. 하지만 『논어』에서의 군자는 '학식과 덕망이 있는 인격적으로 성숙한 사람'이라는 의미다. 이런 개념을 분명하게 이해하고 읽어야 내용을 이해할 수 있다. 이뿐만 아니라 어휘의 개념을 정확히 인지함으로써, 아이는 그 어휘의 담긴 의미를 곱씹어 보며 논리력과 철학적 사고를 기를 수 있다.

모든 어휘의 개념을 일일이 알려 줄 필요는 없다. 어느 정도 읽고 있는 책에 익숙해지면 아이는 자신이 그동안 익힌 어휘를 바탕으로, 새로운 어휘의 뜻을 유추해 낸다. 부모는 아이가 뜻을 잘못 유추해 내지는 않는지 옆에서 체크해 주며 올바른 뜻을 익힐 수 있도록 도와주기만 하면 된다.

철저한 읽기 스케줄이 필요한 이유

이야기책은 한번 빠져들었다 하면, 시키지 않아도 알아서 아이들이 읽어 나간다. 하지만 인문 고전은 그러기가 힘들다. 아무런 연관성 없는 구절들이 나열되어 있는 경우가 많아 이야기책처럼 읽는 재미를 느끼기 어렵다.

따라서 인문 고전은 한 번에 쭉 읽는 것보다는 매일 조금씩 끊어 읽는 것이 좋다. 예를 들어 『명심보감』을 하루에 30분씩 읽는다고 한다면, 총 25편의 글을 하루에 한 편씩 끊어 읽는 것이다. 분량이 많은 편은 나누어서 읽게 한다. 예를 들어 1편은 10장 밖에 되지 않아 한 번에 읽을 수 있지만, 11편은 55장이나 되어서 절반씩 나누어 두 번에 걸쳐 읽게 하는 것이 좋다.

초등 아이를 위한 인문 고전 도서 목록

인문 고전읽기를 시작하기 위해서는 먼저 인문 고전을 선정해야 한다. 이를 돕고자 초등학생들에게 적합한 인문 고전을 몇 권 소개하고자 한다. 사실 수없이 많은 인문 고전 중에서 추천 목록을 작성한다는 것 자체가 무리라고 할 수 있다. 하지만 많은 부모가 갈급해하는 부분이기에 몇 권을 소개하고자 한다. 현재 우리 학교에서 아이들에게 직접 읽히고 있는 책 중에서 선별하고 보강한 목록이다. 읽는 순서는 대체로 소개한 순서에 따르면 큰 무리가 없을 듯하다. 목록에 있는 도서를 아이에게 전부 읽히려고 하기보다 한두 권을 선정하여 제대로 읽히는 것이 좋다. 거듭 강조하지만 절대 욕심 부리지 않고 조금씩 읽혀야 한다.

책 제목	지은이	출판사	쪽수	유의점
『어린이 사자소학』	엄기원 엮음	한국 독서지도회	172쪽	『소학』의 핵심 내용을 발췌한 것으로 주로 사람으로서 갖춰야 할 예절 내용이 대부분을 차지한다. 가치관을 형성해 가는 저학년이 읽으면 참 좋은 책이다. 필사식 독서법을 도전해 볼 만한 책이다.
『동몽선습』	박세무	나무의꿈	288쪽	인성 교과서로, 사람이 지켜야 할 다섯 가지 도리(오륜)와 중국의 역사와 우리나라 역사를 밝힌 책이다. 오륜을 중심으로 읽히는 것이 좋다. 저학년 내지 중학년에게 적합하다. 역사를 배우는 5학년들이 읽으면 역사적 배경 지식이 풍성해지는 장점이 있다.
『격몽요결』	이이	을유문화사	232쪽	학문을 시작하는 사람에게 뜻을 세우고 몸을 삼가며 부모를 모시고 남을 대하는 방법을 가르쳐 마음을 닦고 도의 기초를 세우도록 돕는 책이다. 중학년에게 적극 권장한다.

책	지은이	출판사	쪽수	평
『명심보감』	추적 엮음	홍익출판사	343쪽	아이들이 사람으로 살아가면서 기본적으로 지켜야 할 덕목들로 가득하다. 좋은 삶의 지침서가 되어 준다. 수없는 반복 읽기를 통해 가급적 많은 문장을 암송하도록 하면 많은 효과를 볼 수 있다.
『소학』	주희, 유청지 엮음	홍익출판사	430쪽	의외로 읽기가 쉽지 않다. 왜냐하면 『예기』, 『논어』, 『맹자』와 같은 책에서 아이들이 읽으면 좋을 만한 구절들을 발췌했기 때문이다. 하지만 예화 중심이라 아이들이 좋아한다.
『우리말 성경』 (잠언)	편집부 편저	두란노	1312쪽	서양 철학을 이해하기 위해 반드시 읽어야 하는 책이다. 성경을 모두 읽는다는 것은 현실적으로 매우 어려움이 따른다. 따라서 『성경』의 「창세기」와 「요한복음」과 「잠언」을 읽어 볼 것을 권한다. 솔로몬이 지은 「잠언」은 꼭 한 번 읽어 볼 것을 권한다.
『채근담』	홍자성	홍익출판사	345쪽	동양의 탈무드라 불릴 만큼 읽으면 지혜로워질 수 있는 책이다. 역사적인 짤막한 이야기를 담아 지루하지 않게 읽을 수 있다. 다만 중국의 역사 연대기를 조금 아는 것이 책 이해에 도움이 된다.
『논어』	공자	홍익출판사	424쪽	더 이상 말이 필요 없는 책이다. 동양 철학의 근간을 이루는 책이다. 하루에 한 편씩 혹은 반 편씩 정도로 욕심 내지 않는다면, 충분히 재미있게 읽을 수 있다. 필사를 해도 아깝지 않은 책이다.

| 『플라톤의 대화편』 | 플라톤 | 창 | 314쪽 | 책 내용 중 「에우튀프론」과 「크리톤」은 짧고 명료해서 읽기가 쉽기 때문에 꼭 읽혀 보길 권하며, 아이가 흥미를 보인다면 「파이돈」도 권하고 싶다. |

저학년부터 고학년까지 추천 인문 고전

5, 6학년, 무슨 고전을
어떻게 읽혀야 할까?

고학년 아이들에게 적합한 다양한 읽기법을 소개하고자 한다. 이 중에서 마음에 드는 방법을 골라 적절히 책에 맞게 활용하면 된다. 부담을 느끼면 성공하기 어렵다. 쉽고 재미있어 보이는 방법부터 실천해 보자.

꼬리에 꼬리를 무는 읽기법

고학년에게는 한 권의 고전을 읽는 데서 그치지 않고, 그 책을 바탕으로 다른 고전으로까지 확장시켜 나가는 읽기법을 권하고 싶다.

아이가 재미있게 읽은 고전이 있다면, 그 저자가 쓴 다른 책을 권하는 것도 하나의 방법이다. 예를 들어『톨스토이 단편선』을 감동 깊게 읽었다면『안나 카레니나』를 권해 주는 것이다. 이런 경우 대개 아이들은 별 거부감 없이 이어서 읽는다. 이런 읽기법을 작가별 읽기법이라고 할 수 있다.

일반적으로 어떤 작품을 읽고 마음에 들었다면, 그 저자의 다른 작품도 마음에 들 확률이 높다. 작품에는 그 작가의 성향, 생각, 인격이 담겨 있어 서로 다른 책일지라도 독자에게 전달하는 느낌이 비슷하기 때문이다. 그래서 어떤 작품이 마음에 든다는 것은 그 저자가 마음에 든다는 말과도 같다. 예를 들어『강아지똥』이라는 작품을 좋아한다면, 십중팔구『몽실 언니』,『하느님이 우리 옆집에 살고 있네요!』와 같은 작품도 좋아한다. 모두 권정생 작가가 쓴 작품이다.

작품을 읽는다는 것은 그 작품의 저자와 만나는 것이다. 그래서 한 작가의 작품을 계속 읽다 보면 그 작가의 가치관이나 생각을 닮아 가게 된다. 아이가 어떤 작품을 좋아한다면, 그 작가의 다른 작품을 찾아서 읽게 하라. 그 작가의 생각이나 상상력 등이 아이에게 그대로 다운로드될 것이다.

고전, 읽기만 해서는 안 된다

책과 관련한 다양한 활동을 통해 책을 보다 깊이 이해하는 책 읽기 방법을 '주제별 활동 책 읽기'라 한다. 예를 들어 『백범일지』를 읽고 백범 기념관에 현장 학습을 다녀온다거나, 백범 김구 선생님께 편지를 쓴다거나, 김구 선생님의 '나의 소원'이라는 글을 자신의 소원으로 바꿔 써보는 것이다. 고학년은 이런 주제별 활동 책 읽기가 충분히 가능하며, 책 내용이나 인물에 대해 좀 더 깊이 이해하고 흥미를 느끼게 되는 계기가 된다. 한 책을 가지고 다양한 주제 활동을 하면 할수록 그 책은 아이들 가슴에 깊이 새겨지게 마련이다.

고전은 정말 좋은 내용을 담고 있다. 따라서 고전을 읽는 것만으로도 많은 효과가 있지만, 아이가 자신의 것으로 온전히 소화하여 활용할 수 있으려면 부모가 다양한 활동을 통해 이해를 돕고 자신만의 생각을 확립할 수 있도록 도와주어야 한다. 고전읽기의 효과를 증폭시키는 것은 바로 부모의 손에 달려 있는 것이다.

아이들이 가장 즐거워하는 독후 활동

고학년 아이들은 승부 근성이 강하다. 이러한 특성을 이용해 독후 활동을 하면 고전을 더욱 잘 읽힐 수 있다.

이에 가장 대표적인 활동은 독서 퀴즈다. 아이들이 가장 재미있어 하는 활동이기도 한다. 서로 퀴즈를 맞히기 위해 숨넘어가는 장면을 볼 수 있을 것이다.

가정에서는 다 함께 고전을 읽은 뒤 서로 10문제씩 내어 맞히기 놀이를 할 수 있다. 학교에서는 교사가 퀴즈를 낼 수도 있지만, 아이들이 직접 퀴즈를 내어 맞히도록 하는 게 효과적이다. 퀴즈를 내기 위해서는 고전의 내용을 충분히 숙독하고 이해하고 있어야만 한다. 문제를 고민하는 사이 사고가 깊어진다. 문제를 맞히는 사람보다 문제를 내는 사람의 실력이 올라가는 활동이라고 할 수 있다.

주인공을 엄선하라

저학년 아이들이 피노키오처럼 엉뚱하고 다소 판타지적인 주인공이 나오는 작품을 좋아한다면, 고학년 아이들은 빨간 머리 앤, 모험심 강한 톰 소여처럼 현실적이면서도 독특한 주인공이 등장하는 작품을 선호한다. 사춘기가 시작되면서 남과는 다른, 특별한 사람이 되고 싶다는 바람이 강해지기 때문이다. 이런 주인공이 등장하는 작품을 읽으면서 아이들은 자신을 보다 이해하게 되고 사회와 다른 사람에 대해 새로운 시각을 갖게 된다.

나의 가슴을 울린 한 구절

책을 읽으면서 중요한 곳, 감동적인 곳, 멋진 표현 등에 밑줄을 긋는다. 그리고 따로 공책을 만들어 밑줄 친 구절을 기록하게 한다. 나는 그 공책의 제목을 '나의 가슴을 울린 한 구절'이라고 부르고 있다. 날짜를 기록하고 원문을 적은 뒤 그 구절에 대한 생각이나 느낀 점을 간단하게 추가하면 끝이다.

✎ 0000년 0월 00일

다른 사람의 죄는 네 눈앞에 있지만, 네 죄는 너의 등 뒤에 있다. -『톨스토이 단편선』버려둔 불꽃이 집을 태운다 중에서

내 생각이나 느낌 : 왜 남의 잘못은 잘 보이는데 내 잘못은 잘 안 보이는지 알게 되었다. 내 잘못은 항상 내 등 뒤에 있어 잘 보지 못함을 명심해야겠다. 남의 단점보다는 장점을 보도록 노력해야지.

✎ 0000년 0월 00일

공자께서 말씀하셨다. "무언가를 안다는 것은 그것을 좋아하는 것만 못하고, 좋아하는 것은 즐기는 것만 못하다." -『논어』옹야편 중에서

내 생각이나 느낌 : 모든 일은 스스로 즐겨 즐거운 마음으로 해야 그 일이 잘된다는 것을 알았다. 그리고 선생님 말씀처럼 피할 수 없으면 즐기면서 해야겠다고 생각했다. 특히 수학.

어떤 아이가 쓴 한 구절 공책의 일부를 발췌한 것이다. 책을 읽고 독후감을 쓰려면 번거롭고 힘들지만 이 정도의 독후 활동이라면 금방 할 수 있다. 그렇다고 의미가 적은 것은 결코 아니다. 한 줄을 적는다고 하지만 그 한 줄을 적기 위해서 아이는 책을 다시 들추어 봐야 하고 어떤 문장을 적을 것인지 선택해야 한다. 뿐만 아니라 그 선택된 문장을 읽을 때의 느낌과 생각을 반추하고 자신의 생각을 정리해야 한다. 이러한 일련의 과정을 통해 논리적 사고를 키울 수 있다.

그리고 기회가 있을 때마다 한 구절 공책을 읽어 보게 한다. 읽을 때마다 그때의 감동이 되살아나는 효과가 있다. 또한 이 시기 아이들은 암기력이 좋아 10번 이상 읽으면 금세 암기한다. 이렇게 외운 구절은 글쓰기나 말하기를 할 때 자연스럽게 인용되어, 고급스러운 말하기와 글쓰기가 가능해진다. 아이도 모르는 사이 성장의 밑거름이 된다.

'인용 글쓰기'도 좋다. 책을 읽다가 자신이 발견한 심금을 울리는 구절을 인용해서 글을 쓰는 것이다. 인용 글쓰기는 일반 글쓰기보다 한 단계 더 높은 글쓰기라 할 수 있다. 일반 글쓰기는 자신이 정한 주제에 따라 글을 쓰면 된다. 하지만 인용 글쓰기는 반드시 자신이 선택한 구절을 인용해야 하기 때문에 더 많은 사고를 필요로 하며 복잡하다. 글쓰기 내용 중에 인용 구절이 있으면 훨씬 품격 있고 고급스러워 보이는 효과가 있다.

아이에게 무작정 인용 글쓰기를 해보라고 하면 부담스러워하기 쉽다. 일기를 쓸 때 이를 활용해 보자. 일주일에 한 번, 고전 일기를 쓸 때 고전 속에 등장한 멋진 문장을 인용해서 일기를 쓰게 하는 것이다. 읽고 있는 작품이나 완독한 작품의 내용, 구절을 인용하여 글을 쓰거나 깨달은 점을 일기에 녹이면 된다.

고전을 읽고 이해하기도 힘든 마당에 이를 활용하여 일기까지 쓰는 것이 무리일 것 같지만, 아이들은 별 무리 없이 잘 해낸다.

✎제목 : 내 동생은 군자가 못된다

내 동생은 열 살, 3학년이다. 생긴 건 그럭저럭 생겼다. 내 동생을 처음 보는 사람들은 절대 모를 것이다. 나 같은 가족만이 동생을 알 수 있다.

겉모습으로만 봤을 때는 괜찮아 보일 수 있다. 이는 엄청난 오해이자 오산이다. 항상 삐딱한 말투인 동생은 가끔씩 사람을 들었다 놓고 뚜껑 열리게 만든다. 사람 잡는 우리 동생은 친할수록 더 그런다.

군자는 여러 가지 조건에서 인해야 된다는데 내 동생은 전혀 인하지 않은 소인이라고 생각한다. 『논어』에서 공자께서 말하길 젊은이들은 집에 들어가서는 부모님께 효도하고 나가서는 어른들을 공경하며, 말과 행동을 삼가고 신의를 지키며 널리 사람들을 사랑하되 어진 사람과 가까이 지내야 한다고 했다.

그런데 내 동생은 효도하지 않고 공경은 말할 것도 없고 행동은 자기 마음대로다. 그러므로 내 동생은 소인이라고 할 수 있다. 또 다른 구절에서는 군자는 배부름과 편안함을 추구하면 안 된다고 했는데 내 동생은 만날 배부름만 추구한다. 내 동생은 『논어』에서 말하는 완전한 소인이다. 안타깝다. 내 동생이 하루 빨리 군자의 길을 걸을 수 있었으면 좋겠다.

이는 6학년 한 남자아이가 『논어』의 구절을 인용해서 쓴 일기다. 어딘가 아이다운 코믹함이 묻어 있어, 보는 이로 하여금 절로 미소를 짓게 한다.

읽은 내용을 일기에 녹이기 위해서는 책을 꼼꼼히 읽어야 한다. 그래야만 글의 내용과 연관된 소재를 발견할 수 있기 때문이다. 또한 자신의 경험과 비슷한 내용을 찾기 위해 반복해서 책을 읽어야 한다. 이 과정에서 관찰력과 사고력이 높아진다.

"흐릿한 펜이 뚜렷한 기억보다 오래 간다."는 말이 있듯이 이렇게 읽고 글로 쓴 내용은 잘 잊히지 않는 효과가 있다.

생각을 표현하게 하라

초등 고학년은 논리적인 사고가 형성되는 시기이므로, 토론하여 읽는 법을 권하고 싶다. 특히 요즘은 주입식 · 암기식 교육에서 벗어나 서술형 논술 평가처럼 사고력, 창의력, 논리력을 중요하게 여긴다. 그리고 이런 능력을 향상시키는 가장 효과적인 방법으로 토론이

손꼽히고 있다. 그 중에서 독서 토론은 가장 쉽게 접근할 수 있는 방법이다. 책을 읽은 후 자기 의견을 개진하고 다른 사람의 의견을 경청하는 경험을 많이 가질수록 좋다.

특히 이러한 읽기법은 인문 고전에서 가장 적합하다. "이 구절을 어떻게 생각하는지 말해 볼까?"와 같은 질문을 수시로 아이에게 던지고, 아이에게 근거를 들어 설명하도록 한다. 학교에서는 4인 1조 모둠별로 토론을 시키는 방법을 권한다.

토론을 시키다 보면, 자칫 언쟁이 벌어지기도 한다. 따라서 말하기보다 먼저 경청하는 자세를 길러 줄 필요가 있다. 반대로 자신의 생각을 표현하기 어려워할 수도 있으니, 참을성 있게 아이의 대답을 유도하고 기다려 주어야 한다.

아이들은 토론을 하면서 자연스럽게 자신의 생각을 말로 표현하는 기회를 갖게 된다. 생각을 말로 표현하면 더욱 명료해진다. 덕분에 자신만의 생각과 주관을 또렷이 갖게 되고, 다양한 사람의 의견을 들으며 나와 다른 생각을 가진 사람이 많다는 사실을 깨닫게 된다.

고학년을 위한 고전 도서 목록

고학년의 특성을 고려하여 고전 도서를 선정하였다. 아이가 흥미를 보이는 책으로 먼저 실천해 보길 바란다.

고전 강연을 다니다 보면, 『논어』에 대한 관심이 가장 높다. 사실 『논어』는 어떻게 읽히느냐에 따라 그 평가가 상당히 갈리는 책이기도 하다. 그러니 앞으로 소개하는 방법들을 적극 활용하기를 권한다.

『셰익스피어 4대 비극』은 희곡이라 일반 도서와 그 서술 방식이 대단히 다르다. 아이들이 낯설어할 수 있으니, 이런 형식에 익숙해질 수 있도록 초반에는 아이와 서로 대사를 주고받으며 읽으면 좋다. 사실 이 작품은 비극인 만큼 다루고 있는 주제가 상당히 심오하다. 책에 담긴 복수, 인간의 욕망, 선과 악 등에 대해 아이와 함께 토론해 볼 것을 권한다.

『오만과 편견』은 18세기 후반 다아시와 엘리자베스 두 남녀가 오만과 편견에 사로잡혀 서로에 대해 잘못된 첫인상을 갖게 되면서 겪는 갈등을 그렸다. 남녀 간의 심리적 갈등 등을 섬세하게 다룰 뿐만 아니라 이 과정을 통하여 당시의 사회상과 사회적 편견들을 고발하는 명작이다. 사춘기에 접어든 초등 고학년 아이들이 흠뻑 빠져드는 작품이다.

『전쟁과 평화』, 『안나 카레니나』와 같은 불후의 명저를 남긴 러시아의 대표 작가인 톨스토이의 작품 『톨스토이 단편선』은 고학년 아이들에게 삶의 문제를 고민하게 만들고 남다른 사고의 세계로 이끈다. 『톨스토이 단편선』에 등장하는 작품들은 짧으면서도 쉽게 넘길 수 없고 오랫동안 가슴에 남는 이야기들로 가득하다. 톨스토이가 왜 세계적인 문학가인지를 이 단편선을 통해서 조금이나마 엿볼 수 있다.

『위대한 영혼 간디』와 『백범일지』는 모두 조국의 독립을 위해 애쓴 위인들이란 점이 닮았고 후손들에게도 절대적인 존경을 받는 인물이라는 공통점이 있다. 이런 전기를 읽다 보면 아이들은 차원이 다른 세계에 사는 인물이 있음을 알게 되고, 나도 그 인물처럼 되어 보고 싶다는 생각을 가지게 된다. 이때 두 인물의 공통점과 차이점을 비교하면서 읽어 보는 것도 색다른 재미를 선사해 줄 것이다.

◆ **초등 고학년 고전읽기 추천작**

책 제목	지은이	출판사	쪽수
『리마커블 천로역정』	존 번연	규장	253쪽
『위대한 영혼, 간디』	이옥순	창비	182쪽
『100년 후에도 읽고 싶은 한국명작단편』	한국명작단편선정위원회 편저	예림당	400쪽
『삼국유사』	이정범	알라딘북스	232쪽
『솔솔 재미가 나는 우리 옛시조』	김원석 편자	파랑새어린이	199쪽
『톨스토이 단편선』	레프 톨스토이	인디북	367쪽
『비밀의 화원』	프랜시스 호지슨 버넷	시공주니어	408쪽
『청소년을 위한 백범일지』	김구	나남	260쪽
『논어』	공자	홍익출판사	424쪽
『셰익스피어 4대 비극』	윌리엄 셰익스피어	아름다운날	544쪽

『플라톤의 대화편』	플라톤	창	314쪽
『오만과 편견』	제인 오스틴	신원문화사	478쪽
『명상록』	마르쿠스 아우렐리우스	인디북	304쪽

고학년 아이들의 특성과 읽기 능력, 이해력 등을 바탕으로 선정한 고전 목록이다.

대표 고전 5권으로 배우는
5, 6학년 읽기법

- ◆ 『논어』로 따라 해보는 인문 고전읽기 실제
- ◆ 『논어』
- ◆ 『100년 후에도 읽고 싶은 한국명작단편』
- ◆ 『명상록』
- ◆ 『리마커블 천로역정』
- ◆ 『오만과 편견』

『논어』로 따라 해보는 인문 고전읽기 실제

어떻게 읽혀야 할지 여전히 막막한 부모(교사)를 위해 실제로 인문 고전을 읽히는 것처럼 인문 고전읽기법을 소개하고자 한다. 내가 학교에서 즐겨 사용하는 방법으로, 학교 수업 시간인 40분을 기준으로 하였다.

방법

준비물 : 『논어』, 연필, 한 구절 공책

1. 준비 – 마음 가다듬기(1분)

- 눈을 감고 1분 정도 명상을 하면서 마음을 집중시킨다.
- 이때 심호흡을 하면서 잡념이나 고민 등을 떨쳐 낼 수 있도록 한다.

2. 음독 – 본문을 소리 내어 읽기(10분)

- 큰 소리로 읽게 한다.
- 가족이 같이 읽을 때는 돌아가면서 읽는 것이 좋다. 혹은 한 사람이 읽은 후 나머지 가족들이 큰 소리로 따라 읽는 방법을 권장한다.
- 학교에서는 읽을 아이를 미리 지명해서 충분히 읽어 오게 한다.

3. 묵독 – 본문 묵독하기(10분)

- 소리 내지 않고 다시 한 번 읽으면서, 모르는 어휘나 가슴에 와 닿는 구절, 생각해 볼 구절 등에 표시를 하게 한다.
- 간혹 너무 많은 곳에 표시를 하는 아이가 있는데, 이때는 표시할 곳을 명확히 알려 줄 필요가 있다.

4. 나누기 – 본문 내용에 대해 가족(친구)과 함께 나누기(10분)

- 읽은 본문에서 이해가 가지 않은 어휘나 의미에 대해 묻고 답한다. 이때 서로 모르는 어휘는 사전을 통해 찾아본다.

- 자신이 밑줄 그은 곳을 서로 말하고 왜 밑줄을 그었는지 말한다.
- 읽은 내용에서 실천할 수 있는 내용은 무엇인지 말한다.
- 학교에서는 짝과 함께 활동할 수 있도록 지도한다.

5. 필사 – 밑줄 그은 곳 공책에 정리하기(6분)

- 공책에 날짜와 발췌한 책의 이름, 밑줄 그은 구절을 작성하게 한다.
- 시간이 부족할 때는 원문만 적게 하고, 시간적 여유가 있다면 그 구절이 마음에 든 이유나 생각까지 적게 한다.

6. 적용 및 실천(3분)

- 오늘 읽은 구절이나 공책에 적은 구절을 바탕으로 일상생활에서 실천할 수 있는 일을 구체적으로 적어 보게 한다.
- 실천하기로 결심한 사항은 다음 고전읽기 때까지 꼭 실천해 보게 한다.
- 부모(교사)는 다음 고전읽기 시간에 아이가 잘 실천했는지 확인한다.

지금부터 이와 같은 방법을 활용하여 실제 어떻게 적용할 수 있는지 소개하고자 한다.

실천

제1편 학이 – 배움이라는 것은

1. 공자께서 말씀하셨다. "배우고 때때로 그것을 익히면 또한 기쁘지 않은 가? 벗이 먼 곳에서 찾아오면 또한 즐겁지 않은가? 남이 나를 알아주지 않아도 성내지 않는다면 또한 군자답지 않은가?"

2. 유자가 말했다. "그 사람됨이 부모에게 효도하고 어른에게 공경스러우면 서 윗사람 해치기를 좋아하는 사람은 드물다. 윗사람 해치기를 좋아하지 않으면서 질서를 어지럽히기를 좋아하는 사람은 드물다. 군자는 근본에 힘쓰기 좋아하는 것이니, 근본이 확립되면 따라야 할 올바른 도리가 생 겨난다. 효도와 공경이라는 것은 바로 인을 실천하는 근본이니라!"

3. 공자께서 말씀하셨다. "말을 교묘하게 하고 얼굴빛을 곱게 꾸미는 사람 들 중에는 인(仁)한 자가 드물다."

4. 증자가 말했다. "나는 날마다 세 번 나 자신을 반성한다. 남을 위하여 일 을 꾀하면서 진심을 다하지 못한 점은 없는가? 벗과 사귀면서 신의를 지 키지 못한 일은 없는가? 배운 것을 제대로 익히지 못한 것은 없는가?"

5. 공자께서 말씀하셨다. "나라를 다스릴 때는 일을 신중하게 처리하고 백 성들의 신뢰를 얻어야 하며, 씀씀이를 절약하고 사람들을 사랑해야 하 며, 백성들을 동원할 경우에는 때를 가려서 해야 한다."

6. 공자께서 말씀하셨다. "젊은이들은 집에 들어가서는 부모님께 효도하고 나가서는 어른들을 공경하며, 말과 행동을 삼가고 신의를 지키며, 널리 사람들을 사랑하되 어진 사람과 가까이 지내야 한다. 이렇게 행하고도 남은 힘이 있으면 그 힘으로 글을 배우는 것이다."

7. 자하가 말하였다. "어진 이를 어진 이로 대하기를 마치 여색을 좋아하듯 하고, 부모를 섬길 때는 자신의 힘을 다할 수 있으며, 임금을 섬길 때는 자신의 몸을 다 바칠 수 있고, 벗과 사귈 때는 언행에 믿음이 있다면, 비록 배운 게 없다고 하더라도 나는 반드시 그를 배운 사람이라고 할 것이다." (후략…)

앞에서 소개한 방법을 활용하여 위 본문을 읽혀 보자.

1. 준비 – 마음을 가다듬기(1분)

• 1분 정도 아이가 잡념을 떨쳐 내고 집중할 수 있도록 명상시킨다.

2. 음독 – 본문을 소리 내어 읽기(10분)

• 소리 내어 읽거나 가족끼리 돌아가면서 읽는다.

3. 묵독 – 본문 묵독하기(10분)

• 아이가 마음에 드는 구절에 적절히 밑줄을 그을 수 있도록 유의

한다.

4. 나누기 – 본문 내용에 대해 가족(친구)과 함께 나누기(10분)

- 모르는 어휘 묻고 답하기

  예) '교묘, 꾀하다, 씀씀이, 여색' 등 모르는 어휘를 아이와 이야기하며 뜻을 이해해 보는 시간을 갖는다.

- 밑줄 그은 곳과 그 이유에 대해 말하기

  예) 증자가 말한 세 가지 반성할 점 중에서 두 번째 "벗과 사귀면서 신의를 지키지 못한 일은 없는가?"라는 구절이 마음에 와닿는다. 왜냐하면 오늘 친구에게 아이스크림을 사준다고 약속했는데 지키지 못했기 때문이다.

- 책을 읽고 느낀 점을 나누기

  이때 중요한 것은 수용적인 자세다. 가르치려고 하기보다 아이가 정반대로 이해하거나 완전 엉뚱한 이해가 아니라면 그대로 수용해 주는 것이 중요하다. 상대의 느낀 점에 대해서 비판하지 않아야 한다.

5. 필사 – 밑줄 그은 곳 공책에 정리하기(6분)

- 밑줄 그은 내용을 공책에 정리하기

  예) 증자가 말했다. "나는 날마다 세 번 나 자신을 반성한다. 남을 위하여 일을 꾀하면서 진심을 다하지 못한 점은 없는가? 벗

과 사귀면서 신의를 지키지 못한 일은 없는가? 배운 것을 제대로 익히지 못한 것은 없는가?"-『논어』학이편

• 적은 이유 : 내가 이 구절을 적은 이유는 오늘 친구와의 약속을 못 지켰기 때문이다. 친구와 사귀면서 신의를 잘 지키는 사람이 되어야겠다.

6. 적용 및 실천(3분)

• 읽은 내용을 바탕으로 자신의 결심을 적게 한다

예) 오늘 아이스크림을 사주겠다는 약속을 지키지 못했던 친구에게 내일 꼭 아이스크림을 사주면서 약속을 지키지 못해서 미안하다고 말해야겠다.

• 아이가 다음 번 고전을 읽는 날까지 결심을 실천하도록 한다.

제목	논어				
출판사	홍익출판사	저자	공자	쪽수	424쪽
저자 소개	전쟁이 끊이지 않던 춘추전국시대에 태어난 공자는 동아시아 인문주의의 원형이라고 할 정도로 고대 중국의 위대한 사상가다. 한때는 정치를 하기도 하였지만 실권자와 충돌한 후 여러 나라를 떠돌며 자기의 사상을 설파하며 다녔다. 만년에는 제자를 양성하고 오늘날 고전이 되는 여러 책을 편찬하며 보냈다. 그의 사상은 인(仁)과 예(禮)에 집중되는데, 공자는 평생 이 사상을 정치와 생활 속에서 이루기 위해 노력하였다.				

♠ 이 책의 가치

지금까지 『논어』와 관련한 책은 3,000여 권이나 된다고 한다. 그만큼 많은 사람의 관심을 받고 있는 책이라고 할 수 있다. 『논어』를 모르고서는 동양 사상과 철학을 논할 수 없을 만큼 독보적인 자리를 차지하는 책이다. 문장마다 대단히 함축적인 의미를 담고 있어 독자의 지적 수준이나 처지에 따라서 얼마든지 새로운 독해가 가능하다. 누구나 접하기 쉬운 내용이지만 삶의 근본을 아우르는 이치를 다루고 있는 양서 중의 양서다.

♠ 책 소개

공자와 그 제자들이 세상 사는 이치와 교육, 문화, 정치 등에 관해 논의한 이야기들을 모은 책이라는 뜻으로 현재의 제목이 붙었다고 한다. 공자의 혼잣말, 제자의 물음에 대한 공자의 답변, 제자들의 대화, 당대 정치가와 평범한 마을사람들과 나눈 이야기 등 다양한 내용이 담겨 있다.

♠ 이렇게 읽으면 좋아요

① 제목에 구애받지 말고 읽게 한다

총 20편으로 구성되어 있다. 각 편의 제목은 가장 먼저 나오는 두 글자를 딴 것이므로 내용을 반영하고 있지 않다. 제목을 무시하며 읽어도 무방하다. 한 편에 수십 장의 글이 소개되어 있는데, 한 장당 내용의 주제를 알기 쉽게 정리하고 있으니 이를 명심하여 읽으면 내용을 이해하는 데 도움이 된다.

② 한문 원문과 비교하며 읽게 한다

원문이 한문이기 때문에 한문 원문을 보는 것이 구절의 의미를 더욱 깊이 이해하는 데 도움이 된다. 물론 한자를 잘 모른다면 불가능하겠지만, 한자를 알면 오히려 한글 번역과 한문 원문을 비교해 가면서 읽는 재미가 쏠쏠하다. 원문은 책의 뒤편에 실려 있다. 어려운 한자나 낱말들은 잘 해석이 되어 있으니 많은 도움을 받을 수 있다.

③ 나이 차이가 나는 사람과 책을 읽고 서로 마음에 드는 구절을 나

눈다

나이에 따라 마음에 드는 구절이 명확히 갈린다. 터울이 조금 있는 형제자매나 부모와 같은 부분을 읽고 서로 마음에 드는 구절을 발표해 보자. 이를 비교해 보면 아주 재미있다. 자신에게 별 감동이 없었던 부분도 다시 한 번 점검해 보고 생각해 보는 기회를 가질 수 있다.

④ 주석을 잘 활용하라

주석은 아이가 읽기에는 너무 어렵다. 내용의 이해를 돕는 내용이 소개되어 있으니 부모가 읽고 아이에게 필요한 부분만 간추려 설명해 주도록 하자.

⑤ 필사에 도전하라

『논어』만큼 필사하기 좋은 책이 없다. 필사의 진가가 가장 잘 드러날 수 있는 책이 바로 『논어』다. 필사하다 보면 이전에는 미처 깨닫지 못하던 구절이 가슴에 와 박히는 경험을 할 수 있을 것이다.

20   년   월   일(～   쪽)

제목 :

TIP 책 제목을 그대로 써도 좋지만, 오늘 읽은 부분의 제목을 새롭게 붙여 보면 더욱 좋습니다.

Q 오늘 읽은 부분에서 그 뜻이 궁금하거나 모르는 단어가 있었나요? 무엇이었나요?

Q 가장 마음에 와닿은 구절을 아래에 정성껏 써보세요.

Q 가족, 친구들 중에 위의 구절을 가장 잘 실천할 것 같은 사람은 누구인가요? 그 사람을 고른 이유는 무엇인가요?

오늘 읽은 구절 중 다른 사람에게 전해 주고 싶은 구절이 있나요? 그
것은 무엇이고, 누구에게 전해 주고 싶나요?

인물 이름	전하고 싶은 내용

TIP 여러 개를 적어도 괜찮습니다. 그 구절에 의미를 부여함으로써 온전히 자기 것으로 만들 수 있습니다.

실천 평가와 소감 그 구절을 상대에게 전해 주었나요? 반응이 어땠나요?

TIP 실천했다면 그 느낌이 어땠는지를 중심으로 이야기를 나누고, 실천하지 못했다면 왜 못했는지에 대해 나누어
보세요.

1 『논어』에 "지위가 없음을 걱정하지 말고 그 자리에 설 수 있는 능력을 갖추기를 걱정해야 하며, 자기를 알아주지 않는 것을 걱정하지 말고, 남이 알아줄 만하게 되도록 노력해야 한다."라는 말이 등장합니다. 이 구절에 대한 생각을 자신의 상황에 비추어 적어 보세요.

_____

_____

_____

2 『논어』에서 가장 가슴을 울린 구절을 3가지만 적어 보세요.

_____

_____

_____

_____

3 『논어』를 읽고 자신의 좌우명으로 삼고 싶은 구절이 있다면, 적어 보세요. 그리고 그 구절을 책상 앞에 붙여 보세요.

좌우명으로 삼고 싶은 구절

_____

_____

그 구절을 선택한 이유

_____

_____

다른 친구들에게 이 책을 권해 보세요. 친구들도 읽고 싶다는 생각이 들 수 있도록,
멋진 그림과 함께 이 책의 좋은 점을 알릴 수 있는 광고를 한번 만들어 보세요.

줄거리 또는 느낀 점	

제목	100년 후에도 읽고 싶은 한국명작단편				
출판사	예림당	저자	김동인 외	쪽수	400쪽

♠ 책 소개

한국 단편 문학 사상 가장 많은 사랑을 받고 의미가 있는 작품 15편을 선정하여 수록하였다. 염상섭의 「표본실의 청개구리」, 현진건의 「운수 좋은 날」, 김유정의 「동백꽃」 등 대중적으로 널리 알려진 작가의 작품들을 엄선하여 소개하고 있다. 저마다 다양한 삶을 살아가는 주인공들의 모습을 보면서 어떻게 살아가야 옳은 것인지 삶의 자세와 태도에 대해 생각해 보는 시간을 가질 수 있다. 다음은 대표 작품 중 일부를 소개한 것이다.

「운수 좋은 날」: 염상섭과 더불어 근대 문학 초기에 단편 소설 형식과 사실주의 문학의 기틀을 만든 현진건의 작품이다. 인력거꾼 김첨지의 운수 좋은 날을 역전적 아이러니의 기법을 사용하여 그리고 있다.

「표본실의 청개구리」: 자연주의 및 사실주의 문학을 최초로 보여 준 소설가 염상섭의 작품이다. '나'라는 주인공이 중학교 때 청개구리를 해부하던 기억을 떠올리는 데서 시작된다. 나와 김창억을 통해 당시의 패배주의와 우울에 빠져 있던 지식인의 고뇌를 해부한 작품이다.

「**동백꽃**」: 김유정 특유의 문체 특징이 돋보이는 작품으로, 동백꽃이 활짝 핀 농촌을 배경으로 순박한 처녀, 총각이 사랑에 눈떠 가는 과정을 대단히 해학적이면서도 아름답게 묘사하고 있다.

「**메밀꽃 필 무렵**」: 자연을 배경으로 하는 에로티시즘과 이국적인 취향의 작품 세계를 선보인 이효석의 대표 작품이다. 장돌뱅이 허생원과 장에서 만난 동이가 우연히 밤길을 동행하면서 밝혀지는 비밀을 순수한 우리말을 통해 풀어냈다. 낭만적이며 서정적인 미가 물씬 풍긴다.

「**별**」: 간결하고 세련된 문체로 한편의 시를 보는 듯한 서정적인 소설을 선보이며 현대 소설의 전형을 창출했다고 평가받는 황순원의 작품이다. 돌아가신 어머니에 대해 환상을 갖고 있던 사내아이가 누이의 죽음을 통해 한 단계 성장하는 과정을 그린 아름답고 슬픈 이야기다.

♠ 이렇게 읽으면 좋아요

① 하루에 1편씩 읽게 한다

아이에게 근대 문학은 표현과 내용이 다소 생소하고 분량이 길어 읽기 부담스러울 수 있다. 1편씩 읽히거나 이마저도 어려워한다면 1편을 여러 차례 나누어 읽혀 부담감을 줄여 주는 것이 좋다.

② 작가 약력과 작품 해설을 먼저 읽게 한다

작품을 읽기 전에 책 마지막 부분에 소개되어 있는 작가 약력과 작품 해설을 먼저 읽으면 작품을 한결 수월하게 읽을 수 있다.

③ 중·고등학생이 되어 다시 한 번 읽어 보게 한다

여기에 실려 있는 작품은 모두 중·고등학교 국어 교과서에 실려 있다. 이 책을 읽음으로써 미리 예습하는 효과가 있다. 지금 읽고 받은 느낌을 잘 기억해 두었다가 중·고등학교에 올라가서 해당 작품을 배울 때 그 느낌을 비교해 볼 수 있도록 하자.

④ 작가의 다른 작품도 함께 읽게 한다

많은 단편 중에서 특별히 아이가 재미있어하는 작품이 있다면 그 작가의 다른 작품도 권하라. 십중팔구 그 작품도 마음에 들어 할 것이다.

독서 일지

20   년   월   일(~   쪽)

제목 :

TIP 오늘 읽은 이야기의 제목을 그대로 써도 좋지만, 새로운 제목을 붙여 보면 더 좋습니다.

Q 제목을 보고 어떤 내용일지 예상해 보세요.

_____

_____

_____

_____

Q 이 책에는 우리의 감정, 생각, 풍경 등이 아름다운 우리말로 쓰여 있습니다. 오늘 읽은 부분 중 가장 아름다운 문장을 아래에 적어 보세요.

_____

_____

_____

_____

Q 위 구절이 아름답게 느껴진 이유를 내 경험과 관련지어 써보세요.

_____

_____

_____

_____

적용과 실천 아름답게 느껴진 문장을 오늘 나의 상황에 비추어 고쳐 써보세요.

1 「운수 좋은 날」은 제목과 달리 비극적인 결말의 소설이에요. 저자는 왜 결말과 다른 제목을 지었을까요? 그것이 주는 효과는 무엇인지 써보세요.

2 「메밀꽃 필 무렵」에서 허생원과 동이가 부자지간이란 사실을 암시해 주는 대목을 찾아 적어 보세요.

3 「백치 아다다」에서 수롱이가 아다다와 같이 살기 위해 멀리 도망가자고 하며 그동안 모아 놓은 돈을 보여 주지만, 기뻐할 줄 알았던 아다다는 오히려 생기를 잃고 말아요. 그 이유를 적어 보세요.

4 「별」에서 주인공 사내아이가 죽은 어머니를 그리워하면서도 어머니를 닮은 누이를 미워해요. 그 이유는 무엇일까요?

5 「목매이는 여자」에서 주인공 신숙주는 어린 단종을 내쫓고 왕이 되려는 수양대군에게 죽음으로 항거하지 못하고, 가족의 안위를 위해 불의에 굴복하고 말아요. 여러분이라면 어떻게 했을지 생각해 보고 그 이유를 적어 보세요.

6 「배따라기」에서 형과 아우는 안타까운 오해로 비극적인 결말에 이르게 돼요. 형이 한 실수는 무엇이고, 아우가 한 실수는 무엇인지 적어 보세요.

7 「수난이대」에서 주인공 만도가 전쟁에서 돌아온 아들 진수를 보았을 때의 기분과 진수가 아버지를 보았을 때의 기분이 어떠하였을지 적어 보세요.

8 「수난이대」를 읽고, 반성할 점이나 느낀 점이 있다면 적어 보세요.

9 「거스름」에서 주인공 창수는 아버지에게 "왜 큰일이 아니에요?"라고 물어요. 이때 창수가 생각하는 큰일은 무엇이고, 아버지가 생각하는 큰일은 무엇인가요? 창수의 "왜 큰일이 아니에요?"는 무슨 뜻일지 자신의 생각을 적어 보세요.

책을 읽다 보면 화가 나는 장면이나, 배꼽 잡고 웃을 정도로 재미있는 장면이 나오기도 해요. 이 책을 읽으면서 느꼈던 다양한 감정들을 적어 보세요. 왜 그런 감정을 느꼈는지 그 이유를 써보고, 그 감정에 어울리는 색을 생각해 보세요.

감정	책의 어떤 부분	이유	색깔
예) 기쁨과 즐거움			
슬픔			
화남			
용기가 생김			

제목	명상록				
출판사	인디북	저자	마르쿠스 아우렐리우스	쪽수	304쪽
저자 소개	로마 제국의 제16대 황제다. 로마 '오현제(五賢帝)시대'의 마지막 황제이자 스토아 학파의 주요 철학자이기도 한 마르쿠스 아우렐리우스는 자신의 사색과 철학을 담은 『명상록』이라 불리는 철학 에세이를 남겼다.				

♠ 이 책의 가치

『명상록』의 원제목 '자기 자신에게(ta eis heauton)'에서 알 수 있듯이 이 책은 원래 자신을 돌아보기 위해 바쁜 업무와 급박한 전쟁 상황 속에서 틈틈이 기록해 둔 메모 혹은 일기라고 할 수 있다. 날짜 구분 없이 써 내려간 일기를 후대 학자들이 읽기 편하게 나누어 놓은 것이 지금의 『명상록』이다. 아우렐리우스가 스토아 학파를 대표하는 인물이라서 이 책 역시 스토아 학파의 원전처럼 읽혀지고 있다.

우주와 자연의 섭리, 죽음을 대하는 태도, 운명에 순응하는 자세, 인간의 이성, 마음의 평정심 등 오늘날 현대인들에게도 유용하며 그 의미를 되새겨 볼 만한 내용들이 수록되어 있다. '삶의 처방전'의 고전이라 불리는 이유다.

♠ 책 소개

배움, 인생, 운명, 죽음, 인간의 본성, 우주, 선과 악, 영혼, 올바른 삶 등, 우리 인생 가운데 고민되는 문제들을 깊이 있고 통찰력 있는 안목으로 써 내려간 금언으로 가득하다. 사춘기에 접어들기 시작하는 아이들이 이런 책을 접하면 고민되는 문제들에 대한 답을 발견할 수 있을 것이다.

♠ 이렇게 읽으면 좋아요

① 비밀 일기를 훔쳐보는 기분으로 읽게 한다

총 12장으로 구분되어 있지만, 철학적·윤리적인 내용을 담은 짧은 글들이 계속 반복되어 자칫 지루하게 느껴질 수 있다. 우선 부모는 처음부터 끝까지 읽어야 한다는 생각을 버려야 한다. 그리고 아이가 아무 쪽이나 펼쳐서 읽고 싶은 부분부터 읽게 하는 것이 좋다. 황제이자 철학자였던 한 인물의 '비밀 일기'를 훔쳐본다는 느낌으로 읽게 하면, 아이가 흥미를 가지고 독서를 지속할 수 있을 것이다.

② 손으로 읽게 한다

자신의 사색과 철학에 대한 생각을 담은 책인 만큼, 필사를 적극 권하고 싶다. 손으로 한 구절, 한 구절 옮겨 적으면서 그 의미를 다시 한 번 되새겨 보는 시간을 가질 수 있기 때문이다. 특히 아이가 재미없어할 경우에도 필사만으로 자신도 모르는 사이 얻게 되는 깨달음들이 생기기 마련이다.

③ 책 뒤편에 나오는 저자 소개와 작품 해설을 먼저 읽게 한다

본문을 읽기 전에 책 뒤편에 소개된 저자와 작품에 대한 설명을 먼저 읽힌다. 한 인물의 생각을 기록한 글인 만큼, 그 사람이 누구이며, 어떤 상황에서 쓴 글인지를 알게 되면 작품에 대해 흥미가 생길 뿐 아니라 좀 더 깊이 있게 이해하게 된다.

④ 나만의 명상록을 만들어 보게 한다

이 책은 전쟁터를 누비면서 틈틈이 기록된 글이다. 아이에게도 명상록 공책을 만들어 바쁜 일상 속에서 깨달은 것들을 사소한 것일지라도 틈틈이 기록해 보게 하자. 나중에 멋진 나만의 명상록을 갖게 될 것이다.

독서 일지

20   년   월   일(~   쪽)

제목 :

TIP 책 제목을 그대로 써도 좋지만, 오늘 읽은 부분의 제목을 새롭게 붙여 보면 더욱 좋습니다.

Q 오늘 읽은 부분에서 뜻이 가장 궁금한 단어는 무엇인가요?

Q 오늘 읽은 부분 중 가장 마음에 와닿은 부분을 찾아 아래에 정성스럽게 적어 보세요.

Q 위 구절을 고른 이유를 내 경험과 관련지어 설명해 보세요.

적용과 실천 오늘 읽은 내용을 앞으로 어떻게 실천할 수 있을까요?

누구(무엇)에게

무엇을

어떻게

실천 평가와 소감 책에서 배운 내용을 바탕으로 행동했을 때, 주변 사람의 반응은 어땠나요?

내 실천을 본 사람	그 사람의 소감 한마디

TIP 실천했다면 그 느낌이 어땠는지를 중심으로 이야기를 나누고, 실천하지 못했다면 왜 못했는지에 대해 나누어 보세요.

1 『명상록』은 아이러니하게도 전쟁터에서 주로 쓰였다고 해요. 그래서인지 유독 죽음에 관련된 문장이 많이 등장하지요. "죽음은 피조물을 구성하는 요소들의 해체 외에 아무것도 아니며, 따라서 선도 악도 아니다." "죽음에 대해 진지하게 사색하고 막연히 떠오르는 공포심을 제거한다면, 죽음이란 하나의 자연 현상에 불과하다. 아니, 오히려 자연의 끝없는 번영과 순환을 위해 반드시 필요한 과정임을 인식하게 될 것이다."처럼 죽음에 관한 가장 인상적인 문장을 찾아 느낀 점을 적어 보세요.

인상적인 문장 :

느낀 점 :

---

2 오늘이 자신의 생애 마지막 날이라고 상상해 보고, 가족이나 친구들에게 남길 마지막 말(유언장)을 써보세요.

---

3 저자는 '배움에 대하여'에서 지금까지 자신에게 정신적인 가르침과 교훈을 주었던 이들에게 감사함을 표현하고 있어요. 여러분도 지금의 자신을 있게 한 이들을 떠올려 보고, 고마움을 표현하는 글을 써보세요.

『명상록』을 읽어 보면 정말 좋은 구절들이 많이 나와요. 여러분도 마르쿠스 황제처럼 명상록을 만들어 보면 어떨까요? 많이 하면 힘드니까 5~10구절 정도만 지어 보세요. 힘든 친구는 명상록 구절을 조금씩 고쳐서 만들어도 괜찮아요. 완성된 명상록은 부모님이나 친구들에게 보여 주세요.

1

2

3

4

5

6

7

8

9

10

부모님이나 친구들의 의견

TIP 자기가 직접 고민해서 어떤 금언을 만들어 내는 것은 사고력을 자극하는 가장 좋은 활동입니다. 아이의 명상록을 보고 왜 그런 구절을 만들었는지 이야기를 나누어 보세요. 이때 적극적인 칭찬과 격려가 필요합니다.

제목	리마커블 천로역정				
출판사	규장	**저자**	존 번연	**쪽수**	253쪽
저자 소개	잉글랜드 베드포드 근처의 엘스토라는 작은 마을에서 가난한 땜장이의 아들로 태어나 아버지의 직업을 이었다. 아내의 영향으로 기독교 신앙을 갖게 되어 비국교파의 설교자로서 명성을 얻었으나, 국교회파의 박해로 1660년 체포되어 12년간 감옥 생활을 하였다. 1675년에 두 번째 감금을 당하였는데 이때 많은 저술 활동을 하였다. 『천로역정』 제1부가 1678년에, 제2부가 1684년에 출판되었다. 그의 작품은 '성경을 뿌리로 한 영감과 힘과 구원의 문학'으로 오늘날까지 사랑받고 있다.				

♠ 이 책의 가치

역사상 『성경』 다음으로 많이 읽힌 책으로 알려져 있다. 1678년 발표된 이래 300년이 넘는 세월 동안 80개 이상의 언어로 번역되었다. 마하트마 간디는 이 책을 "영어로 쓰인 가장 아름다운 책"이라고 격찬하기도 하였다.

♠ 책 소개

주인공 크리스천이 '멸망의 도시'에서 '천성(천국)'에 이르기까지 겪는 역경의 과정을 그린 책이다. 무거운 짐을 진 크리스천은 복음 전도자의 안내로 '빛나는 문'으로 들어가 해설자에게 가르침을 받고, '십자가 언덕'에서 짐을 내려놓는 놀라운 경험을 하게 된다. 평안과 쉼을 주었던 '아름다운 궁전'을 나와서는 괴물과 결투를 벌이기도 한다. '허영의 시장'과 '의심의 성'에서 죽을 뻔한 위기를 이겨 내고, 부주의함으로 '실수의 벼랑'으로 떨어질 위험에 처하기도 하지만, 마침내 '사망의 강'을 건너 '천성'에 이른다. 이렇듯 크리스천의 순례 여정을 위협하는 온갖 함정과 유혹, 그 여정을 더욱 튼튼히 하는 은혜를 포함한 영적 여정의 모든 이야기가 곧은길을 따라 한 편의 파노라마 영화처럼 펼쳐진다. 이러한 역경의 길은 우리가 어디로 가야 하며 어떤 유혹을 당하게 될지를 미리 보여 준다는 점에서, 우리의 미래가 기록된 책이라고도 할 수 있다.

♠ 이렇게 읽으면 좋아요

① 재미 위주로 읽지 않게 유의해야 한다

『반지의 제왕』, 『해리포터』처럼 판타지적인 이야기가 꼬리에 꼬리를 물고 이어지기 때문에, 한번 잡으면 푹 빠져들게 된다. 모든 이야기 과정마다 의미를 담고 있으므로, 재미 위주로 줄거리 파악에 급급해서 읽지 않도록 주의해야 한다.

② 자신과 비교하며 읽게 한다

종교적 우의 소설이지만, 주인공이 천성으로 가는 길에 처하는 수많은 유혹과 어려움은 아이가 일상생활에서도 충분히 겪을 수 있는 문제들이다. 주인공이 당하는 어려움을 아이가 자신의 상황과 비교하며 읽게 한다. 특히 주인공이 어려움을 어떻게 극복했는지에 주목하게 한다. 그리하여 자신이 그와 유사한 상황에 처했을 때 어떻게 이를 해결해 나갈 수 있는지 방법을 찾을 수 있도록 도와준다.

③ 삽화를 통해 내용을 예상해 보게 한다

대영박물관 전시 작가인 배리 모우저의 실감나는 수채 일러스트가 삽입되어 있다. 등장인물의 특성과 이야기의 주제를 한껏 살리고 있는 삽화를 보며 먼저 내용을 예상해 보게 하는 것은 내용에 대한 흥미를 높여 준다. 더욱 재미있게 읽을 수 있도록 돕는다.

20   년   월   일(～   쪽)

제목 :

> **TIP** 오늘 읽은 이야기의 제목을 그대로 써도 좋지만, 새로운 제목을 붙여 보면 더욱 좋습니다.

Q 오늘 읽은 이야기는 주로 어떤 내용이었나요?

_____

_____

_____

Q 오늘 읽은 이야기 속으로 직접 들어갈 수 있다면 주인공인 크리스천에게 어떤 도움이나 도움의 말을 주고 싶나요?

_____

_____

_____

Q 여러 등장인물 중 가장 마음에 들거나 들지 않는 인물이 있다면 그 이름과 까닭을 함께 적어 보세요.

_____

_____

_____

주인공은 어려움에 처할 때마다 누군가로부터 도움을 받아 어려움
을 이겨 내곤 합니다. 주변 친구들 중 내 도움이 필요한 친구가 있
을까요? 어떻게 도와줄 수 있을까요?

도움이 필요한 친구

도움 방법

책을 읽고, 다음 지문이 맞을 때는 ○, 틀릴 때는 ×, 빠진 부분에는 적절한 단어를 채워 넣으세요.

- 바알세불의 화살에서 구해 준 사람은 '친절'이었다. (   )

- 크리스천이 지고 가던 무거운 짐이 어깨에서 풀어진 지점은 '해설자의 집'이었다. (   )

- '아름다운 궁전'의 네 아가씨 이름은 '분별', '자비', '신중', '사랑'이었다. (   )

- 아름다운 궁전에서 크리스천에게 검을 준 아가씨는 '자비'였다. (   )

- '허영의 시장'에서 크리스천이 사고자 한 것은 '소망'이었다. (   )

- 허영의 시장에서 크리스천 재판 과정에 등장하는 증인은 질투, (   ), 배은망덕이다.

- 허영의 시장 감옥에서 크리스천이 탈출할 수 있도록 도운 사람은 (   )이다.

- 크리스천이 '의심의 성'으로 가는 길에 만난 '이기심'은 '감언이설'이라는 도시 출신이다. 감언이설 도시의 좌우명은?
  (   )

- '절망 거인'에게 잡혀 의심의 성에서 크리스천과 소망이 감옥에 갇혔을 때, 절망 거인의 아내 '망설임'이 가져다준 자루에 담겨 있던 세 가지는?
  (,   ,   )

- 크리스천과 소망을 '기쁨의 산' 정상으로 안내해 준 목자는 '지식'과 '정직'이었다. (   )

- 크리스천과 소망을 '속이는 자'에게서 구해 준 것은 '빛나는 존재'였다. (   )

- 천성에 들어가기 직전 크리스천과 소망이 건넌 강은 '절망의 강'이었다. (   )

『천로역정』을 읽어 보면 '허영'씨, '어수룩'씨, '분별'씨, '망설임'씨와 같은 등장인물이 재미있는 만화 캐릭터처럼 등장해요. 많은 등장인물 중에서 그림으로 가장 잘 표현한 캐릭터는 누구라고 생각하나요? 그 이유는 무엇인가요? 반대로 그림으로 가장 잘 표현하지 못한 캐릭터는 누구라고 생각하나요? 그 이유를 적어 보거나 직접 고쳐 그려 보세요.

가장 잘 표현한 캐릭터	이유

가장 잘 표현하지 못한 캐릭터	이유나 고쳐 그려 보기

TIP 아이들은 그리기를 좋아합니다. 이 활동은 등장인물들을 통해 책 속 유명한 삽화가의 그림을 꼼꼼히 살피게 하는 목적도 있지만, 자기 나름대로 인물을 다시 그려 보게 함으로써 인물에 대해 깊이 이해시키는 목적이 있습니다.

제목	오만과 편견				
출판사	신원문화사	**저자**	제인 오스틴	**쪽수**	478쪽
저자 소개	영국인이 가장 사랑하는 여류 작가다. 섬세한 시선과 재치 있는 문체로 18세기 영국 중상류층 여성들의 삶을 다뤄 200여 년이 지난 오늘날에도 사랑받고 있다. 1775년 12월 16일 영국의 햄프셔주 스티븐턴에서 교구 목사의 딸로 태어났다. 어려서부터 습작을 하다가 15세 때부터 단편을 쓰기 시작했고, 1796년 남자 쪽 집안의 반대로 결혼이 무산되는 아픔을 겪는 와중에, 후에 『오만과 편견』으로 개작된 서간체 소설 『첫인상』을 집필한다. 42세에 생을 마감할 때까지 독신으로 살며 『분별력과 감수성』, 『오만과 편견』 등의 작품을 내며 작가로서의 명성을 얻었다.				

♠ 이 책의 가치

두 남녀의 오만과 편견으로 인한 심리적 갈등을 섬세한 감각과 풍자적인 필체로 다채롭게 묘사하여 고전 중의 고전으로 손꼽힌다. 영국 BBC의 '지난 1000년간 최고의 문학가' 조사에서 셰익스피어에 이어 2위를 차지한 것만 봐도 더 이상의 미사여구를 필요로 하지 않는다. 특히 인물과 심리 묘사에서 섬세한 문체가 단연 돋보인다.

♠ 책 소개

영국 하트포드셔의 작은 마을에 사는 베네트 일가의 딸들이 배우자를 찾아가는 과정을 그리고 있다. 베네트 일가의 상속 계약에는 여자에게 상속을 금지하는 조항이 있어, 베네트 부인은 딸들에게 빨리 배우자를 찾아 주려고 필사적이다. 그러나 인습에 사로잡히지 않고 재치 넘치는 엘리자베스는 오직 사랑을 위해서만 결혼하고자 결심한다. 그러던 중 우연히 옆 마을에 부유한 신사 빙리가 이사를 오고 온순하고 마음이 착한 맏딸 제인과 빙리는 서로 호감을 갖게 된다. 빙리와 함께 온 다아시는 엘리자베스의 지성과 위트에 매력을 느끼는데, 엘리자베스는 그를 오만하게 생각한다. 이 청춘남녀들이 사회적 규약과 편견을 깨고 사랑을 찾아가는 내용이 섬세하면서도 재치 있게 그려져 있다.

♠ 이렇게 읽으면 좋아요

① 등장인물의 심리 묘사에 주목하여 읽게 한다

정밀한 인물 묘사가 장점인 작품으로, 사건 중심으로 읽기보다는 사건에 대한 등장인물들의 심리 묘사에 주목하여 읽어 보게 하자. 새로운 매력을 느낄 수 있을 것이다.

② 주변에 비슷한 인물을 떠올려 보게 한다

각 등장인물들은 우리가 살아가며 마주치는 여러 유형의 사람과 성격을 내포하고 있다. 등장인물의 성격과 행동을 통해 내 주변에 닮은 사람은 없는지, 주변 사람들과 비교·대조하며 읽으면 더욱 이야기가 생생하게 느껴질 것이다. 공감도도 높아질 것이다.

③ 내 삶의 가치관을 생각해 보게 한다

당시 재산이 별로 없는 아가씨가 명예롭게 얻을 수 있는 유일한 생계 대책은 결혼뿐이었다. 이런 현실에서 엘리자베스는 진정한 사랑을 찾아 나선다. 반면에 친구 샬럿은 안정된 미래를 위해 사랑하지 않는 남자와 결혼한다. 삶의 지향점이나 가치관이 다른 각 인물들을 살펴보며 내 삶의 가치관은 무엇인지 생각해 볼 수 있다. 내 삶의 가치관과 부모님의 삶의 가치관도 비교해 보자.

④ 영화를 함께 보며 작품과 비교해 보게 한다

지금까지 『오만과 편견』은 총 6편의 영화가 만들어졌다. 원작에 충실하게 잘 만들어진 만큼, 영화와 원작을 비교해 보면 색다른 재미를 느낄 수 있다.

독서 일지

20   년   월   일(~   쪽)

제목 :

TIP 책 제목을 그대로 써도 좋지만, 오늘 읽은 부분의 제목을 새롭게 붙여 보면 더욱 좋습니다.

Q 『오만과 편견』이라는 제목에서 떠오르는 내용이나, 또는 어제 읽은 부분에서 주인공이 한 일을 떠올려 보세요.

TIP 책을 읽기 전에 이전에 어떤 내용들이 있었는지 곰곰이 생각해 보는 시간을 갖는 것은 좋은 책 읽기 습관입니다.

Q 이야기에 나오는 등장인물들의 성격, 생김새, 목소리 등을 상상하면서 읽으세요.

Q 이야기의 주인공을 떠올리며 인물의 성격을 알 수 있는 부분(모습, 생김새, 행동, 대화)을 적어 보세요. 그리고 인물에 대한 의견이나 평가를 적어 보세요.

등장인물	인물의 성격을 알 수 있는 부분	인물에 대한 내 의견이나 평가

대상	등장인물이 한 일 또는 성격이나 특징을 쓰고 나와 비교하기
등장인물	
나	
등장인물	
나	
등장인물	
나	
등장인물	
나	

1 책을 잘 읽고 아래 질문에 답을 써보세요.

■ 딸이 빙리 씨에게 식사 초대를 받자 비가 오는 날씨에도 불구하고 보내려고 하는 이유는 무엇인가요?

■ 위컴의 아버지는 다아시의 집을 위해 무엇을 해주었나요?

■ 엘리자베스는 처음 램턴에 도착했을 때 제인에게서 편지가 오지 않는 것을 보고 몹시 실망했습니다. 나중에 안 사실이지만 편지가 제때 오지 않은 이유는 무엇인가요?

■ 제인에게서 온 편지의 내용을 보고 엘리자베스는 놀라고 당황했습니다. 어떤 내용 때문인가요?

---

2 엘리자베스의 부모인 베네트와 베네트 부인은 대조되는 인물로 삶의 지향점이나 가치관이 많이 달라요. 내가 만약 부모가 된다면 베네트와 베네트 부인 중 어떤 모습일지 상상해 보고, 나의 자식에게 어떤 삶을 살아가라고 말할 것인지 편지글을 써보세요.

　　　　　　　　　　에게

_____

_____

_____

_____

_____

_____

_____

---

3 엘리자베스는 빙리와 콜린스와의 만남을 통해 자신이 편견을 가지고 있었으며, 첫인상이 중요하지 않다는 것을 깨닫게 돼요. 우리 사회에서도 여러 가지 편견으로 인해 상처를 받거나 어려워하는 사람들이 많이 있어요. 사회적 편견에는 어떤 것이 있는지 예를 들어 보고, 자신의 생각을 적어 보세요.

_____

_____

_____

_____

_____

내가 읽은 이야기 중 한 장면을 극본으로 바꾸어 써보세요.

제목 :

때 :

곳 :

등장인물 :

해설 :

대사 :

TIP 가장 감동 깊었거나 재미있었던 장면을 새로운 형식으로 바꾸어 표현해 보면 좋습니다. 책에서 그 장면을 찾아 대화글을 활용하면 쉽게 할 수 있습니다.

고전읽기를 하다 보면 생각지도 못한 어려움
과 의문에 부딪히게 된다. 강연장에서 학부모
와 교사에게 가장 많이 받는 대표적인 10가지
질문을 통해 실질적으로 마주하게 될 여러 문
제들을 해소해 주고자 한다.

5장

부모들이 가장 궁금해하는
10가지 질문

오히려 책을 싫어하는 아이들에게조차 고전읽기는 상당한 의미를 부여한다. 밑줄을 그어 보거나 페이지를 넘겨 보는 것만으로도 아이에게는 큰 의미가 있다. 비록 억지로 읽었을지라도, 부모의 생각처럼 고전을 읽혔을 때의 후유증보다는 이런 책을 읽었다는 자부심이 아이들의 내면에 더 많이 자리 잡는 것을 보아 왔다.

책을 더
싫어하게 되면 어쩌죠?

책을 별로 좋아하지 않는 아이에게 고전을 읽혔다가 아예 책과 담을 쌓고 지내게 될까 봐 걱정하는 분이 많다. 내가 가르치는 아이들 중에도 고전읽기를 무척 힘들어하는 아이가 서너 명 정도 있었다. 하나같이 평소 책을 멀리하는 아이들로, 억지로 고전을 읽으려니 죽을 맛인 듯했다. 당연히 제대로 고전을 읽기 어려웠다.

여기서 한 가지 묻고 싶다. 이 아이들이 고전읽기 때문에 책과 담을 쌓고 지내게 될 확률은 얼마나 될까? 아주 희박하다고 본다. 이 아이들이 책 읽기를 곤욕스러워하는 것은 고전이어서가 아니다. 무슨 책이었든지 읽기 싫어하고 어려워했을 것이다. 즉 고전읽기 때문에 아이가 책과 멀어지는 것을 염려하지 않아도 된다는 말이다.

오히려 책을 싫어하는 아이들에게조차 고전읽기는 상당한 의미를 부여한다. 『논어』, 『플라톤의 대화편』과 같은 고전을 읽고 이해하지는 못해도 밑줄을 그어 보거나 페이지를 넘겨 보는 것만으로도 아이에게는 큰 의미가 있다. 이런 기회가 아니면 평생 들춰 보지도 않았을 책이지 않은가. 비록 억지로 읽은 것이지만, 부모의 생각처럼 고전을 읽혔을 때의 후유증보다는 이런 책을 읽었다는 자부심이 아이들의 내면에 더 많이 자리 잡는 것을 보아 왔다.

아이들과 고전읽기를 시행해 온 결과, 평소 책을 무리 없이 읽는 아이는 고전도 별 문제없이 읽는다. 그러나 책을 싫어하는 아이는 고전도 역시 싫어한다. 따라서 고전이 아이에게 부정적인 영향을 미칠 것을 걱정하기보다 먼저 책에 흥미를 가지게 하는 것이 바람직하다.

분야별로 고전을
읽는 순서가 있나요?

📖 선생님의 책을 읽고 고전읽기를 결심하게 되었어요. 그리고 그동안 제가 너무 안일하게 아이에게 책 읽기를 강요해 왔다는 것을 깨달았어요. 출근할 때마다 아이에게 책 한 권을 지정해 주며 "엄마 아빠 퇴근할 때까지 이 책을 다 읽고, 줄거리랑 가장 기억에 남는 장면 써놔. 알았지?" 하고 닦달하곤 했던 게 많이 반성되었어요. 그래서 이번 방학을 기회로 아이와 함께 『사자소학』을 읽으려고 합니다. 그런데 아이에게 처음부터 인문 고전을 읽혀도 될까요? 문학으로 먼저 접근하는 게 좋다고는 하셨는데. 그리고 인문 고전을 읽힌 후에는 어떤 분야의 고전을 읽히는 게 좋은가요?

아이에게 고전을 읽히려고 할 때 도서 순서를 고민하게 되는 것 같다. 편지를 보내 주신 어머니처럼 분야에 대한 고민일 수도 있고, 분량에 대한 고민일 수도 있다. 이는 몇 가지 간단한 원칙을 가지고 접근하면 금방 해결된다.

◆ 책 두께에 연연하지 마라

고전이라고 하면 어렵다는 인식이 강한데, 얼마든지 쉽게 접근할 수 있다. 단편 명작의 경우, 글 양이 많지 않고 호흡이 짧아 아이들이 잘 읽는다. 우리나라의 황순원, 외국의 알퐁스 도데, 오 헨리, 톨스토이 같은 작가들의 단편선은 시간 가는 줄 모르고 빠져들 정도로 좋아한다. 대단히 아름답고 서정적이면서도 내용의 의미가 깊다.

단편선을 한두 권 정도 읽혀 고전의 재미와 맛을 알려 줬다면, 장편에도 도전하게 한다. 『키다리 아저씨』, 『오즈의 마법사』, 『톰 소여의 모험』처럼 아이들의 흥미를 끌 수 있는 책으로 선정한다. 장편 문학은 300쪽을 훌쩍 넘는 책들이 많다. 보통 아이들은 300쪽을 심리적 마지노선으로 여기는데, 책 두께보다는 아이들이 재미있어할 만한 내용인지에 치중해서 고르는 것이 현명하다. 읽다 보면 금세 책에 빠져들 뿐만 아니라 이를 계기로 두꺼운 책에 대한 공포감도 줄일 수 있다.

◆ 무조건 이야기책이 좋은 건 아니다

대부분의 아이가 이야기 장르를 좋아한다. 이런 아이들은 짧은 단편선부터 시작하는 것이 좋다. 그런데 개중에 어떤 아이들은 역사, 과학, 수학, 전기와 같은 장르를 좋아한다. 이럴 때는 아이가 좋아하는 장르의 고전 중에서 비교적 짧고 어휘가 쉬운 책을 골라 읽히는 것이 효과적이다.

◆ 인문 고전은 준비가 필요하다

인문 고전을 제외한 고전은 평소 독서를 많이 하는 아이라면 별 문제없이 읽는다. 반면에 인문 고전은 아이들에게 매우 생소하고 어렵게 느껴져 거부감을 불러일으킬 수 있다. 따라서 아이가 고전읽기에 어느 정도 익숙해지고 마음의 준비가 충분히 된 상태에서 인문 고전을 시작하는 것이 바람직하다.

그렇다고 인문 고전을 읽히는 것에 대해서 지나치게 걱정할 필요는 없다. 처음 읽히는 것이 어렵지, 한 권을 잘 읽고 나면 그다음부터는 그렇게 어렵지 않다. 오히려 어떤 아이들은 인문 고전이 자신과 더 잘 맞는다며 인문 고전을 탐닉하는 경우도 보았다.

이야기책을 두세 권 읽었다면, 인문 고전을 한 권 정도 권하는 식으로 진행하면 좋다. 만약 아이가 처음부터 인문 고전에 관심을 가진다면, 인문 고전을 먼저 읽혀도 상관없다.

만화 고전이나 요약된 고전을
읽혀도 될까요?

    학부모 대상 강연을 다니다 보면 가장 많이 받는 질문 중 하나가 "만화로 된 고전을 읽혀도 되나요?" "고전을 요약하여 소개하는 책을 읽혀도 되나요?"다. 나는 이런 질문을 받을 때마다 단호하게 "아니요, 안 됩니다." 하고 답한다.

    우리는 레오나르도 다빈치의 〈모나리자〉 작품을 보기 위해 많은 돈을 투자하여 프랑스의 루브르 박물관을 방문한다. 그런데 굳이 루브르 박물관을 가지 않더라도 〈모나리자〉를 감상할 수 있다. 모사품이 있기 때문이다. 하지만 모사품으로 〈모나리자〉를 봤다고 해서 그 작품을 보았다고 말하는 사람은 없다. 모사품과 실제 작품이 주는 감동은 천지 차이기 때문이다. 더욱이 모사품의 완성도가 현저히 떨어지는 경우도 다반사다. 당연히 모사품을 본 사람은 〈모나리자〉에 대한 세상의 평가를 이해하기 힘들다.

고전도 마찬가지다. 고전을 원전이 아닌 만화로 된 책이나 요약본으로 읽히는 것은 모사품을 권하는 것과 같다. 고전은 특별한 경우가 아니면, 원전으로 읽혀야 한다. 고전은 번역이 조금만 잘못되어도 원전의 감동을 제대로 느낄 수 없다. 그런데 만화책이나 요약본은 원전의 왜곡과 훼손이 심하다. 당연히 똑같은 줄거리를 담고 있을지라도 원전을 읽었을 때 누릴 수 있는 고전읽기의 장점을 하나도 얻을 수 없다.

원전을 읽히라고 해서 『논어』, 『소학』 등을 한문으로 된 원문으로 읽혀야 하는 것은 아니다. 여기서 말하는 원전이란 원작을 우리말로 충실히 옮겨 놓은, 축약하거나 편집하지 않은 온전한 책(Whole Book)을 의미한다.

물론 어른이 읽기에도 버거운 고전을 아이가 읽을 수 있을까 하는 부모의 염려를 모르는 바는 아니다. 하지만 초등 아이들에게 직접 고전을 읽히고 있는 사람으로서 단언컨대, 아이들은 부모의 걱정과는 달리 고전을 잘 받아들일 뿐 아니라 심지어 재미있어하기도 한다.

또한 고전은 줄거리를 알고자 읽는 책이 아니다. 책 속에 담긴 사고 과정, 묘사, 심리 등을 배우고 터득하는 것이 고전읽기의 묘미다. 그런데 만화나 요약본으로 고전을 접한 아이는 이미 내용을 알고 있다고 생각하여 원전을 읽으려고 하지 않는다. 나 역시 이 같은 경험을 했다. 고전읽기를 위해 『톰 아저씨의 오두막집』이라는 책을 연구하다 보니 링컨이 노예 해방을 꿈꾸게 한 책이자 남북 전쟁을 촉발시킨 책이라는 것을 알게 되었다. 그러자 새삼 얼마나 대단한 책인지 궁금해지기 시작했다. 하지만 초등학생 때 짧은 요약본으로 이미 읽어 본 책이기에 다시 읽기가 선뜻 내키지 않았다. 더군다나 원전은 900쪽 가까운 분량이었기에 더욱 주저했다.

　망설여지는 마음을 다잡고 사명감으로 책 읽기에 도전해 보았다. 그런데 처음 마음과 달리 금세 책에 빠져들었다. 에바라는 어린 소녀가 죽는 장면에서는 말할 수 없는 슬픔에 가슴이 먹먹하여 한동안 책을 읽을 수조차 없었다. 하지만 과거에 이 작품을 읽었을 때는 이 장면에서 그렇게 큰 감동을 느끼지 못했다. 많은 부분이 생략되다 보니 잘 이해가 되지 않았고 감정 몰입이 잘 되지 않았던 탓이다. 이처럼 요약본으로 읽으면 그만큼 감동과 깨달음도 생략되고 만다. 고전읽기의 힘은 원전의 힘에서 비롯된다.

중학생은 고전읽기를
시작하기에 너무 늦었나요?

📝 선생님의 책을 정말 단숨에 읽어 내려갔습니다. 이미 중학교 2학년이 된 큰아이에 대한 후회와 아직 초등학교 3학년인 작은아이에 대한 기대가 뒤섞인, 뭐라 표현할 수 없는 마음을 가지고서 책장을 덮었습니다.

그리고 이렇게 여쭤 봅니다. 중학생은 고전읽기를 시작하기에는 너무 늦은 걸까요?

너무나 간절한 이 어머니의 고민처럼 중학생은 고전읽기를 시작하기에 너무 늦은 것일까?

그렇지 않다. 고전읽기에 늦은 시기란 없다는 말을 꼭 강조하고 싶다. 사실 초등 때부터 고전을 읽힐 것을 권하고 있지만, 꼭 초등 때 고전읽기를 시작해야 하는 것은 아니다.

고전은 책 중의 책이라고 할 수 있다. 그만큼 한 권의 책으로 얻을 수 있는 효과, 교훈, 깨달음 등이 많다. 초등 때부터 고전읽기를 시작하면 그만큼 많은 효과를 볼 수 있기 때문에 그 중요성을 피력하고 있지만 필수 사항은 아니다. 초등 아이에게 억지로 고전을 읽히기보다 사고력이 발달하고 추상적 개념의 이해력이 향상되는 중학생 때 고전을 읽히는 것이 더 효과적일 수도 있다.

앞에서도 말했지만, 나이에 따라 고전을 읽고 느끼는 바가 다르다. 고전을 읽기에 너무 늦은 시기란 없다. 단지 고전을 읽고 받아들이는 부분이 다를 뿐이다.

책을 꼭
사서 읽혀야 하나요?

📝 선생님의 강연을 듣고 저희 집도 고전읽기를 한번 시도해 보려고 합니다. 그런데 선생님께서 고전읽기를 하려면 가족 수대로 책을 사라고 하셨잖아요? 가족 수대로 사려고 하니 부담이 만만치 않아서요. 도서관에서 빌려서 읽으면 안 될까요? -학부모

📝 고전 수업을 할 때 책 구입을 어떻게 하셨는지요? 아침 활동 시간에는 책이 부족해도 괜찮을 것 같은데 수업 시간에 고전읽기를 한다면 반 아이들이 모두 한 권씩 가지고 있어야 할 것 같습니다. 선생님은 책 구입에 관한 비용을 어떻게 해결하셨는지요. 다 사오라고 하자니 가정에 너무 많은 부담을 주는 것 같고, 기부를 받자니 불만과 오해의 소지가 있을 것 같아요. 선생님이 하셨던 방법이나 일반

고전읽기를 할 때 가급적 책을 구매해서 읽을 것을 강조하다 보니, 이런 질문을 종종 받는다. 비용에 대한 부담이 만만치 않기 때문이다. 학부모와 교사에게 해줄 수 있는 조언이 조금씩 달라 구분하여 알려 드리고자 한다.

◆ 학부모 '고전을 며칠 만에 읽을 수 있을까?'

흔히 도서관에서 빌려 읽어도 된다고 생각하곤 한다. 하지만 도서관에서 빌린 책은 자기 책이 아니기 때문에 애착이 덜 가기 마련이다. 그리고 깨끗이 보고 반납해야 한다는 부담이 있다. 물론 고전이 아닌 일반 책은 얼마든지 빌려 봐도 상관없다. 아이들마다 다르긴 하지만, 일반 책들은 몇 시간이면 읽고, 한 번 읽은 책은 다시 읽는 경우가 드물다. 그러니 전부 구매하기보다 도서관을 적절히 이용하는 게 오히려 현명하다.

하지만 고전은 다르다. 하루 이틀 만에 읽을 수도 없을뿐더러 제대로 읽기 위해서는 모르는 단어의 뜻도 찾아 적고, 마음에 드는 부분에는 느낀 점을 적어 놓기도 하는 등 흔적을 남길 수밖에 없다. 빌린 책으로는 이처럼 오랜 시간을 들여 꼼꼼하게 읽을 수 없다. 더욱이 고전은 읽고 또 읽어야 하는 책이다. 이런 고전을 사지 않는다면 도대체 무슨 책을 사야 하는 것일까. 고전읽기는 책을 사는 것에서 시작된다고 말하고 싶다.

◆ 교사 '공감대 형성에서부터'

최근 고전읽기를 실시하는 학교가 많아졌다. 그래서인지 고전읽기에 대해 문의해 오는 교사가 많다. 그들은 공통적으로 책 구입에 대한 어려움을 호소해 왔다. 그도 그럴 것이 고전읽기를 효과적으로 하기 위해서는 반 전체가 똑같은 출판사에서 나온 책을 구입해서 읽어야 하기 때문이다. 그래야 반 아이들이 똑같은 속도로 같은 내용을 읽고, 독후 활동도 할 수 있다.

물론 학부모가 적극적으로 협조한다면 문제될 것은 없다. 하지만 그렇지 않을 경우 현실적으로 강제로 책을 구입시킬 수는 없다. 교사의 지혜가 필요한 순간이다. 부모가 고전읽기를 적극 지지해 주는 아이는 가급적 책을 구입해 오게 한다. 그렇지 못한 아이는 학교에 학급 비치 도서로 10권 정도 요청하여 읽히는 것이 가장 현실적인 방법이라 생각한다.

이를 위해서는 학부모 총회나 가정 통신문 등을 통해 고전읽기의 중요성을 강조하여 부모들의 공감대를 끌어내는 것이 중요하다. 고전읽기를 통해 변해 가는 아이들의 모습은 무엇보다 큰 지원군이 될 것이다.

유치원생은
고전읽기가 어려울까요?

　학부모를 대상으로 한 '초등 공부법' 강연을 다니다 보면 신기한
점이 있다. 분명 강연 주제는 초등 공부법인데 초등 부모보다 유치원
부모들의 참석률이 더 높다. 더욱이 초등 부모 사이에서는 고학년 부
모를 거의 찾아보기 어렵다. 초등 공부법의 실제적인 효과를 생각하
면 가급적 초등 부모 특히 고학년 부모가 많이 들었으면 좋겠는데,
현실은 정반대다. 왜 그럴까? 초등 부모들이 유치원 부모들보다 더
바쁜 것일까?

　고전읽기 강연도 사정은 마찬가지다. 유치원 부모들이 대부분이
며, 참으로 열성적으로 강연을 듣는다. 그래서인지 강연할 때 많이 받
는 질문 중 하나가 유치원생들은 고전읽기를 어떻게 해야 하느냐다.

　이때마다 유치원생에게는 고전을 읽히지 말고 실컷 놀게 하라고

말한다. 고전을 읽기 위해서는 일정 수준 이상의 어휘력, 이해력 등이 바탕이 되어야 하는데, 초등 저학년 때까지는 아직 준비가 덜 되었다고 판단하기 때문이다.

초등 1, 2학년도 힘든데 하물며 유치원생에게 고전읽기는 시기상조다. 유치원생을 둔 부모는 조급함을 버리고 마음의 여유를 가졌으면 한다. 고전읽기는 누가 먼저 시작하느냐, 얼마나 빨리 시작하느냐가 중요한 것이 절대 아니다. 준비가 되지 않은 상태에서 무리하게 시작했다가 오히려 책 자체를 싫어하게 만들 우려가 크다. 고전읽기를 하기 위해 무엇보다 필요한 것은 부모의 여유다.

학교에서 읽힐 때
무엇에 주의해야 하나요?

"학교에서 고전을 읽힐 때 무엇에 주의해야 하나요?"

학교 강연을 다닐 때 교사들에게 가장 많이 받은 질문이다. 자신의 학교에서도 고전읽기를 진행하고 싶은데, 너무 막막하다는 것이다.

학교에서 고전읽기를 하려고 할 때 가장 선행되어야 하는 일은 교사들 사이의 공감대 형성이다.

교사들의 공감대 형성을 위해 마음에 맞는 교사들끼리 1주일에 한 번 정도 정기적으로 모여 고전을 읽는 독서 모임을 만들어 볼 것을 제안한다. 이를 통해 고전의 중요성과 효과를 실감할 수도 있고 교사들끼리 자연스럽게 소통할 수도 있어 추후 고전읽기를 진행하는 데 많은 도움을 받을 수 있다.

교사들 사이에서 먼저 아이들에게 고전을 읽혀야겠다는 생각이 형성되었다면, 그다음부터는 쉽다. "뜻이 있는 곳에 길이 있다."고 하지 않는가.

고전읽기는 한 학년 혹은 학교 전체가 체계를 가지고 시작하는 것이 효과적이다. 이를 위해서라도 고전읽기의 필요성에 대한 공감대 형성이 무엇보다 중요하다.

충분히 공감대가 형성되었다면 이후에는 학년별 도서를 선정해야한다. 가장 많은 노력과 시간이 필요한 작업이며, 비용도 만만치 않다. 적게는 몇 개월부터 몇 년이 걸릴 수도 있다. 이 과정이 힘들다면 다른 학교의 추천 도서를 참고하는 것도 좋은 방법이다. 그렇지만 우리 학교만의 고전 도서 목록이 있다면 굉장한 저력이 될 수 있다.

어려움 끝에 고전읽기 프로젝트를 시작했어도 몇 가지 문제점에 봉착하게 된다. 가장 큰 문제점은 학년 간, 학급 간의 격차다. 동일한 교사가 고전을 읽히는 것이 아니라, 담임 교사가 그 역할을 하고 있기 때문에 교사의 열정과 방식에 따라 당연히 학급 간 격차가 생기기 마련이다. 이럴 경우 학부모의 불만이 커질 수밖에 없다. 따라서 이런 문제를 해소할 수 있도록 같은 학년의 교사들이 고전읽기 방법에 대해 서로 자주 의논하고 공유해야 한다. 반응이 좋았던 읽기 방법을 나누고, 문제점에 대해 이야기하는 사이 효과적인 읽기 노하우를 서로 배울 수 있다.

마지막으로 고전을 읽히는 가장 기본이자 성공적인 방법은 교사가 함께 책을 읽는 것이라고 생각한다. 아이들과 함께 책을 읽다 보면 자연스럽게 독서 분위기가 형성되고, 책에 대해 심도 깊은 대화도 가능할 뿐만 아니라 다양하고 참신한 독후 활동이 가능해진다.

큰아이와 작은아이,
누구를 기준으로 책을 선정하나요?

📧 선생님 책을 읽고 고전읽기에 도전해 보고자 결심한 1학년과 4학년짜리 두 아들을 둔 엄마입니다. 선생님은 가족이 다 함께 같은 책을 읽으라고 했지만, 큰아이와 작은아이의 나이 차가 있다 보니 쉽지 않네요. 어디에 기준을 두고 읽혀야 할지 난감합니다. 막연하게 고전을 읽히면 되겠구나 싶었는데 막상 시작하려니 벽이 많네요.

큰아이와 작은아이의 나이가 비슷할 때는 별로 문제가 되지 않지만 편지를 보내 온 어머니처럼 나이 차가 많이 날 때는 고민스럽다. 큰아이에게 맞추자니 작은아이가 겉돌 것 같고, 작은아이에게 맞추자니 큰아이에게는 쉬울 것 같기 때문이다.

그런데 이 문제는 작은아이가 중학년 정도만 되도 자연히 해결된다. 아직 읽기 능력이 부족한 저학년 때는 본격적인 고전읽기가 어렵지만, 3학년이 되면 얼마든지 가능하다. 사실 학년별 권장 고전 목록이 있긴 하지만, 아이들의 읽기 수준과 이해력을 바탕으로 임의로 선정한 것뿐이다. 따라서 굳이 고전 목록에 준하지 않더라도 어느 책을 읽든 아이가 읽고 이해할 수만 있다면 상관없다. 예를 들어 초등 3학년 아이와 중학교 1학년 아이가 같은 고전을 읽어도 무방하다. 물론 나이에 따라 감동을 받고 이해하는 부분은 다르겠지만, 자기 나이에 맞게 저마다 깨달음을 얻기 때문이다. 그렇다고 아이들의 나이를 무시해도 된다는 것은 아니다. 다만 학년별 권장 목록이 반드시 절대적인 기준은 아니라는 말이다.

그러면 나이 차가 있는 두 아이에게 고전읽기를 할 때 누구를 기준으로 책을 선정해야 좋을까? 이때는 작은아이에게 맞추는 것이 바람직하다. 그러면 큰아이가 손해 보지 않을까 하는 생각이 들 수도 있다. 하지만 고전은 어른이 읽어도 어렵다. 작은아이에게 맞춘 책이라고 해도 수준이 상당히 높다. 만약『논어』,『명심보감』중에 읽히고자한다면, 작은아이의 수준에 맞춰『명심보감』을 선택하는 것뿐이다. 오히려 자녀의 나이 차가 많이 나면, 가족끼리 하는 고전읽기가 더욱 재미있을 수 있다. 터울이 비슷할 경우에는 서로 생각이 비슷하지만, 터울이 많이 날 경우에는 같은 책을 읽어도 받는 느낌이나 생각이 확연히 다르다. 이런 생각들을 나누다 보면 서로의 기발한 생각에 감탄하기도 하고 박장대소하기도 한다. 자녀의 나이 차이가 고전읽기의 즐거움을 반감시키기는커녕 오히려 활력으로 작용하는 것이다.

독후 활동을 싫어하는 아이는 어떻게 해야 하나요?

독후 활동이 싫어서 책 읽기가 싫다는 아이들을 보곤 한다. 고전읽기에서도 이런 아이들을 흔히 볼 수 있다. 책을 읽는 것은 좋은데 그 후에 병행되는 독후 활동이 싫다는 것이다. 그런데 이런 경우 자세히 살펴보면 독후 활동이 대부분 독후감 쓰기에 치중되어 있다.

초등 아이들은 어리기 때문에 재미가 없으면 독서 활동을 지속하기가 어렵다. 고전이 아무리 좋은 책이라도 재미없고 딱딱한 책이라는 인식을 갖는다면 고전읽기를 성공적으로 이끌 수 없다. 고전이 재미있다는 인식을 심어 주는 것이 교사와 부모의 가장 큰 숙제라고 할 수 있다.

읽기 전, 읽는 중, 읽은 후 활동을 어떻게 이끌어 주느냐에 따라 아이들의 반응은 굉장히 달라진다. 즉 얼마나 다양한 독서 활동을 하느냐에 따라 고전읽기의 성패가 달려 있다고 해도 과언은 아니다.

활동 영역	활동 주제	유의점
그리기 활동	◇주인공 그리기 ◇시화로 그리기 ◇책 표지 그리기 ◇인상 깊은 장면 그리기 ◇만화로 그리기 ◇마인드맵 그리기	그리기 활동은 주로 저학년 아이들이 좋아함
글로 쓰는 활동	◇감상문에 느낌이나 생각 적기 ◇작품 일부분을 고쳐 써보기 ◇뒷이야기 이어 적어 보기 ◇지은이에게 편지 쓰기 ◇친구에게 책을 추천하는 글쓰기 ◇등장인물이나 작가에 대해 기사 쓰기 ◇감동적인 부분을 장르를 바꿔 적어 보기	일반적으로 아이들이 가장 많이 하는 활동이므로 너무 많이 사용하지 않도록 해야 함
만들기 활동	◇작은 책 만들기 ◇독서 신문 만들기 ◇낱말 퍼즐 만들기 ◇책 광고 만들기 ◇등장인물이나 작가에게 상장 만들어 주기 ◇독서 퀴즈 문제 만들기	만들기 시간으로 변질되지 않도록 주의를 기울여야 함
말하기 활동	◇역할극 놀이하기 ◇주인공이나 작가 인터뷰하기 ◇독서 토론하기 ◇가족에게 이야기 들려주기 ◇내가 주인공이라면 어떻게 했을까? 말해 보기 ◇가족에게 감동적인 곳 읽어 주기 ◇친구들 앞에서 작품에 대해 1분 스피치하기 ◇느낌을 노래로 만들어 불러 보기	말하기를 즐겨 하는 아이에게 적극 권장할 만한 독후 활동임
멀티미디어 활용	◇원작을 영화한 작품 보기 ◇원작을 드라마로 만든 작품 보기	먼저 원작을 읽은 후 보는 것이 좋음

독후 활동 예시

아이들이 독후감 쓰는 것을 싫어하는 이유는 독후감을 매일 일정한 형식으로 쓸 것을 강요받기 때문이다. 작품을 읽고 작품에 대한 생각이나 느낌을 써보는 천편일률적인 독후 활동은 아이들을 질리게 만든다. 그래서 결국에는 독후감이 쓰기 싫어서 책을 읽지 않는다는 말이 나오는 것이다. 따라서 고전을 재미있게 읽히려고 한다면 재미있고 다양한 독후 활동을 시켜 주는 것이 무엇보다도 중요하다.

원작 대신
영화만 보여 줘도 될까요?

아이들과 고전읽기를 할 때 영상 매체를 즐겨 사용한다. 고전 작품들은 워낙 유명한 작품들이다 보니 많은 경우 영화나 연극 혹은 뮤지컬 등으로 만들어져 있다. 조금만 관심을 가지면 이를 활용하여 고전을 읽을 때 또 다른 재미와 효과를 누릴 수 있다.

6학년 아이들과 『오만과 편견』을 읽을 때 영화 보기를 병행했다. 그 덕분일까, 500쪽이 넘는 긴 분량에도 불구하고 아이들이 지루해하지 않고 끝까지 재미있게 읽었다. 일주일간 150쪽 정도 책을 읽은 후 읽은 분량만큼만 영화를 보았다. 그리고 책과 영화를 비교하여 어떤 점이 다르고, 어떤 부분이 좋은지 비교하고 분석하는 시간을 가졌다. 아이들은 책을 읽을 때는 영화에서 어떻게 묘사될 것인지를 상상하는 재미를 느낄 수 있었고, 영화를 보면서는 책의 감동을 다시 한

번 느낄 수 있었다. 그 덕분인지 학년말에 조사한 고전읽기 만족도 설문 조사에서『오만과 편견』이 상당히 높은 점수를 받았다.

2학년 아이들과 고전읽기를 할 때는『오세암』은 애니메이션을,『샬롯의 거미줄』은 영화를,『내 이름은 삐삐 롱스타킹』은 TV 드라마를 함께 보았다. 책을 읽지 않고 볼 때와 책을 읽고 볼 때 아이들의 태도는 확연히 다르다. 책을 본 아이들은 영화에 훨씬 더 진지하게 몰입하는 모습을 보인다.

이처럼 원작을 읽고 원작을 바탕으로 한 영화나 연극을 보여 주는 방법은 대단히 효과적이다. 그러나 원작은 읽지 않고 영화나 연극만 보여 주는 것은 삼가야 한다. 또한 원작을 먼저 읽힌 후 영화나 연극을 보여 주어야 한다. 시각적 자극은 매우 강하기 때문에 영화나 연극을 먼저 접한 후 읽는 원작은 지루하며 답답하게 느껴지기 쉽다. 책을 읽으며 주인공의 모습과 배경을 상상하여 머릿속에 자기만의 작품 세계를 구현해야 하는데 시각적 정보를 먼저 인식했기 때문에, 영화 장면 그 이상의 것을 상상하거나 그리지 못하게 된다. 무엇보다 영화나 연극을 먼저 보면 원작을 읽지 않을 확률이 매우 높아진다.

영화와 비교하며 읽을 수 있는 작품을 몇 개 소개하고자 한다. 수많은 작품이 있지만, 구하기 쉬운 작품을 기준으로 선택하였다. 한 번에 몰아 보는 것보다는 책과 같이 병행해서 보기를 권한다.

책 제목	지은이	출판사	쪽수	영화, 애니메이션
『오만과 편견』	제인 오스틴	신원문화사	479쪽	〈오만과 편견〉 감독 조 라이트 주연 키이라 나이틀리 12세 이상 관람가 | 128분
『제인 에어』	샬롯 브론테	시공주니어	853쪽	〈제인 에어〉 감독: 캐리 후쿠나가 주연: 미아 와시코브스카 12세이상 관람가 | 115분
『빨간 머리 앤』	루시 모드 몽고메리	인디고(글담)	528쪽	〈빨간 머리 앤〉 감독: 케빈 설리반 주연: 메건 팔로우즈 전체 관람가 | 200분
『비밀의 화원』	프랜시스 호지슨 버넷	시공주니어	408쪽	〈비밀의 화원〉 감독: 아그네츠카 홀란드 주연: 케이트 마벌리 전체 관람가 | 102분
『허클베리 핀의 모험』	마크 트웨인	시공주니어	488쪽	〈허클베리핀의 모험〉 감독: 스티븐 소머즈 주연: 일라이저 우드 전체 관람가 | 108분
『오세암』	정채봉	샘터	157쪽	〈오세암(애니메이션)〉 감독: 성백엽 전체 관람가 | 75분
『샬롯의 거미줄』	엘윈 브룩스 화이트	시공주니어	242쪽	〈샬롯의 거미줄〉 감독: 게리 위닉 주연: 줄리아 로버츠 전체 관람가 | 97분
『마틸다』	로알드 달	시공주니어	310쪽	〈마틸다〉 감독: 대니 드비토 주연: 마라 윌슨 전체 관람가 | 98분

영상으로도 즐길 수 있는 고전

시를 한 편 소개하고자 한다.

이 바쁜 때 웬 설사

　　　　－김용택

소낙비는 오지요

소는 뛰지요

바작에 풀은 허물어지지요

설사는 났지요

허리끈은 안 풀어지지요

들판에 사람들은 많지요.

　화자의 허둥대는 모습이 머릿속에 그려지는 유쾌한 시다. 이 시를
이렇게 한번 고쳐 봤다.

이 바쁜 때 웬 고전
                -송재환

소낙비는 오지요
엄마는 소리 지르지요
학원 버스는 빵빵거리죠
설사는 났지요
가방은 안 메지지요
해야 할 숙제는 많지요.

이 짝퉁시를 아이들에게 보여 줬더니 아이들이 배꼽을 잡으며 "백 프로 레알(진짜라는 아이들 표현)."이라며 박장대소를 한다. 아름다운 시를 훼손한 것 같아 죄스러운 마음이 들지만, 오늘날 아이들이 고전 읽기에 대해 받는 느낌이 아닐까 싶다.

잘 시간도 부족할 만큼 학원, 과외, 학습지 등으로 바쁜 아이들에게 고전까지 읽으라고 닦달하고 있는 것은 아닌지, 한번 반성하는 시간을 가졌으면 좋겠다. 아이들에게 고전을 잘 읽히기 위해서는 고전을 충분히 음미하고 즐길 수 있는 시간적 여유가 무엇보다 필요하다. 고전 문학을 읽으며 이야기 속으로 빠져들고, 시를 감상하며 감탄하고, 전기를 읽으며 나도 이렇게 살아야겠다는 결심을 할 수 있는 시간을 줘야 한다. 아이에게 고전의 숲에서 사색하고 느낄 수 있도록 시간을 마련해 주자. 이것이 고전을 읽히고자 하는 부모가 가장 먼저 해야 하는 일이 아닐까 하는 생각이 든다.

꽃 한 송이 피어난다고 풀밭이 달라지지 않듯, 고전 한 권 읽는다고 아이 인생 밭이 확 달라지는 것은 아니다. 하지만 아이의 인생 밭에 고전 꽃이 한 송이씩 피어날 때마다 아이의 인생 밭은 더욱 아름다워질 것이다. 그곳에 아빠 꽃, 엄마 꽃이 함께 핀다면 더욱 의미 있는 꽃밭이 될 것이다. 그 꽃밭은 보기에도 아름다울 뿐 아니라 향긋한 꽃향기로 주변까지 빛나게 할 것이다. 그리고 아이는 그 꽃밭에서 조금씩 주변에 긍정적인 영향을 미치며 의미 있는 삶을 살아가게 될 것이다.

다시, 초등 고전읽기 혁명 - 실전편

초판 1쇄 인쇄 2018년 4월 17일
초판 10쇄 발행 2022년 11월 18일

지은이 송재환 **펴낸이** 김종길 **펴낸 곳** 글담출판사

기획편집 이은지·이경숙·김보라·김윤아
마케팅 성홍진 **디자인** 손소정 **홍보** 김민지 **관리** 김예솔

출판등록 1998년 12월 30일 제2013-000314호
주소 (04029) 서울시 마포구 월드컵로 8길 41
전화 (02) 998-7030 **팩스** (02) 998-7924
페이스북 www.facebook.com/geuldam4u **인스타그램** geuldam
블로그 http://blog.naver.com/geuldam4u

ISBN 979-11-86650-53-0 (13590)
책값은 뒤표지에 있습니다.
잘못된 책은 바꾸어 드립니다.

이 도서의 국립중앙도서관 출판시도서목록(CIP)은 e-CIP 홈페이지(http://www.nl.go.kr/ecip)
와 국가자료공동목록시스템(http://www.nl.go.kr/kolisnet)에서 이용하실 수 있습니다.
(CIP 제어번호 : 2018009542)

만든 사람들————
책임편집 이경숙 **교정교열** 박주현 **디자인** 정현주

글담출판에서는 참신한 발상, 따뜻한 시선을 가진 원고를 기다리고 있습니다.
원고는 글담출판 블로그와 이메일을 이용해 보내주세요. 여러분의 소중한 경험과 지식을 나누세요.
블로그 http://blog.naver.com/geuldam4u **이메일** geuldam4u@naver.com